KB173007

홉스가 들려주는
리바이어던 이야기

홉스가 들려주는
리바이어던 이야기

ⓒ 서정욱, 2006

초판 1쇄 발행일 2006년 2월 5일
초판 17쇄 발행일 2021년 8월 18일

지은이   서정욱
그림   윈일러스트
펴낸이   정은영

펴낸곳   (주)자음과모음
출판등록   2001년 11월 28일 제2001-000259호
주소   04047 서울시 마포구 양화로 6길 49
전화   편집부 (02)324-2347 경영지원부 (02)325-6047
팩스   편집부 (02)324-2348 경영지원부 (02)2648-1311
e-mail   jamoteen@jamobook.com

ISBN   978-89-544-1929-1 (64100)

• 잘못된 책은 교환해드립니다.

홉스가 들려주는
리바이어던 이야기

서정욱 지음

|주|자음과모음

책머리에

　여러분, 오늘은 저와 함께 영국으로 철학여행을 떠나 볼까요? 여러분은 철학이 무엇인지 아세요? 철학은 무척이나 어렵고 힘들고 따분한 것 같지만, 사실은 가장 친근하고 쉽고 재미있는 것이랍니다.

　간단히 말하자면 철학은 우리가 어떻게 살아야 하는지, 무엇을 우선으로 살아야 하는지, 행복한 삶이란 무엇인지에 대한 답을 가르쳐 주는 학문입니다.

　여러분 궁금해지지요? 그렇다면 이 책 속으로 같이 여행을 떠나 봅시다.

　여기에서 다룰 철학자는 홉스라고 하는데 혹시 들어 본 적 있나요?

　여러분은 로봇(robot), 사이보그(cyborg) 혹은 바이오로보틱스(biorobotics)란 것을 아시나요? 이러한 것은 오늘날 우리가 흔히 사용하는 말로 사람의 일을 대신해 주는 기계 인간이죠. 옛날 사람들도 오늘날 우리처럼 사람들의 일을 대신해 줄 로봇을 만드는 것이 꿈이었을까요?

　홉스는 이런 로봇에 대한 생각을 처음으로 한 영국 철학자입니다. 그는 그의 저서 《리바이어던(Leviathan)》에서 로봇에 관한 이야기를 하고 있습니다.

홉스의 아버지는 목사였습니다. 홉스는 15세 때 옥스퍼드 대학교에 입학하여 논리학과 아리스토텔레스의 철학을 배웠습니다. 홉스는 대학교에서 철학을 공부하였지만, 수학과 과학에도 관심이 참 많았습니다. 대학을 졸업한 홉스는 가정교사가 되었습니다. 그리고 학부모의 도움으로 유럽 여러 나라를 여행할 수 있었습니다.

유럽을 여행하면서 홉스는 갈릴레이와 케플러의 과학과 천문학에 대해서도 많이 공부하였습니다. 그리고 파리에서는 유클리드 기하학도 배웠고요.

당시 영국의 왕은 찰스 1세였는데, 찰스 1세는 홉스의 능력을 인정하여 그를 아들 찰스 2세의 가정교사로 임명합니다. 한편 영국 사람들은 찰스 1세가 정치를 잘못한다고 생각하고 청교도혁명을 일으키지요. 청교도혁명이 일어나자 홉스는 찰스 2세의 가정교사라는 이유로 청교도들로부터 미움을 받습니다. 홉스는 어쩔 수 없이 프랑스로 망명합니다. 프랑스로 쫓겨 간 것이 홉스에게는 더 많은 철학을 공부하게 되는 좋은 기회였습니다. 무슨 일을 하여도 게으름 피우지 않고 성실하였던 홉스는 프랑스에서 오히려 더 많은 철학을 연구할 수 있었습니다.

프랑스에서 더 많은 철학을 공부한 홉스는, 비록 청교도들에게 미움을 받았지만 다시 영국으로 돌아왔습니다. 그리고 청교도혁명이 한창인 1651년에 유명한 책《리바이어던》을 출판하였습니다.

홉스는 이 리바이어던을 로봇과 같은 사람에 비유하고 있습니다. 왕은 사람의 영혼이고, 신하는 사람의 관절입니다. 나라에서 백성들에게 내리는 상이나 벌은 사람의 신경에 해당됩니다. 나라가 잘 사는 것은 사람의 강인한 힘 때문입니다. 홉스는 나라를 다스리는 정치가를 사람의 기억력에, 나라의 평등을 사람의 이성에, 나라의 법을 사람의 의지에 비유하였습니다. 나라의 평화는 곧 사람의 건강이며, 나라를 전복하기 위해서 사람들을 선동하는 것은 사람이 병든 상태와 같으며 내란은 곧 인간의 죽음을 의미합니다.

여러분은 사람에게 가장 중요한 부분이 무엇이라고 생각합니까? 아마도 영혼일 것입니다. 홉스도 그렇게 생각한 것 같아요. 그래서 홉스는 왕의 의무를 리바이어던에서 영혼에 비유하고 있습니다.

리바이어던은 원래 구약성서 욥기에 나오는 영원히 죽지 않고 산다는 아주 큰 괴물의 이름입니다. 욥기에서는 이 동물을 어떤 방법으로도 잡을 수 없으며, 사람의 지능이 아무리 뛰어나도 이 동물을 마음대로 할 수 없다고 했습니다.

성경이야기와 마찬가지로 홉스는 왕이 아무리 정치를 잘못하여도 영국 사람이 왕을 마음대로 할 수 없음을 이 리바이어던에 빗대어 이야기하고 있습니다. 그렇다고 왕이 모든 것을 마음대로 할 수 있는 것은 아니겠죠. 무엇보다 왕은 도덕적 원리인 자연의 법칙을 지켜야만 합니다. 그러나 왕이 약간의 결함이 있어서 나쁜 정치를 하여도 정치를 하는 사람이 없는 것보다는 낫다고 홉스는 주장합니다.

왕이 정치를 잘못한다고 왕을 쫓아내는 것은 백성이 할 일이 아니라고 홉스는 생각했습니다. 마치 인간의 영혼이 잘못 판단하였다고 해서 영혼을 우리 몸에서 쫓아낼 수 없는 것처럼 말입니다.

백성은 왕이나 귀족들의 정치에 대해서 무조건 복종하여야 합니다. 왜냐하면 백성들을 생각하지 않고 정치하는 왕은 없기 때문입니다. 왕에게 좋은 것은 당연히 백성들에게 좋은 것입니다. 국민들이 부자면 왕도 부자고 국민이 안전하면 당연히 왕도 안전합니다.

홉스는 리바이어던을 통하여 영국 사람들에게 이렇게 충고하였습니다. 그러나 영국 사람들은 제임스 1세와 찰스 1세가 정치를 잘못한다고 해서 청교도혁명을 일으켰습니다. 홉스는 이때 영국 사람들에게 아주 서운한 마음을 가졌다고 합니다.

리바이어던을 사람에 비교해서 홉스가 이야기했다고 했죠? 리바이어던의 팔과 다리는 신하라고 했습니다. 리바이어던이라는 나라가 움직이기 위해서는 각자 자신의 일에 최선을 다해야만 가능합니다. 즉 국가는 모든 백성의 노력 없이는 잘살 수 없다는 뜻이죠. 바로 이러한 홉스의 생각이 당시 영국의 정치와 철학에 있어서 자유주의를 탄생시켰습니다.

홉스의 영향을 받은 많은 영국의 학자들은 정치와 사회 발전에 참여하였습니다. 홉스의 철학적 자유주의의 영향을 받은 영국 사람들은 훗날 남과 타협하는 방법을 배웠으며, 온건한 성품을 사랑하게 되었습니다. 오늘날 우리가 영국 사람들을 신사라고 하는 이유도 바로 여기서 찾아볼 수 있겠죠.

이렇게 홉스는 리바이어던을 통해서 행복하고 자유로운 나라의 필요성을 이야기합니다. 홉스의 리바이어던 이후 세계의 여러 나라는 행복하고 자유로운 나라가 되기 위해서 참 많은 노력을 하고 있습니다. 물론 아직도 행복하고 자유롭지 못한 나라가 이 세계에는 많이 있습니다. 하루 빨리 그런 나라가 사라지고 모두 행복하고 자유로운 나라가 되었으면 하는 것이 우리 모두의 바람이겠죠?

홉스의 행복하고 자유로운 나라가 어떻게 생긴 것인지 우리 함께 찾아

나서 볼까요?

  홉스의 행복하고 자유로운 나라를 쉽게 찾을 수 있도록 우리를 도와준 사람이 참 많아요. 특히 도움을 준 출판사 (주)자음과모음 분들에게 고맙다는 인사를 전합니다.
  자, 이제 홉스의 행복하고 자유로운 나라를 찾기 위해 우리 함께 그 첫 장을 열어 볼까요!

차례

프롤로그

 우리 집은 완전히 개판이다. 여기를 봐도, 저기를 봐도 개들이 득실거린다.

 골든리트리버부터 살루키, 로디지아 리지백, 아이리시울프하운드, 보르조이, 도베르만핀셔……. 어휴, 개 종류를 말하기에도 숨이 차다.

 집 안에는 몸집이 작은 개들이, 마당에는 큼직한 개들이 자리를 차지하고 있어서, 내가 집에 들어서기만 하면 꼬리를 흔들며 반갑다고 난리다.

아빠가 수의사가 된 것은 순전히 개를 좋아한 탓이라고 하신다. 어릴 때, 기르던 강아지가 아파서 죽었는데 아무것도 해 줄 수가 없던 것이 너무 슬퍼서 크면 꼭 수의사가 되어 병든 강아지를 고쳐 주겠다고 결심하셨다는 것이다. 아빠는 뜻을 이뤄 수의사도 되고, 그렇게 좋아하는 개들도 집 안 가득 기를 수 있게 되셨다. 물론 그러기 위해 엄마와의 기나긴 투쟁을 거치긴 했지만.

아빠는 동물을 좋아하는 것에 뜻이 맞는 사람과 결혼하고 싶으셨단다. 그런데 아빠에게 운명의 화살이 꽂힌 사람은 하필 동물을 끔찍이 무서워하는 엄마였다는 말씀.

두 분이 만난 곳도 동물원이라 뭔가 공통점이 있을 법도 한데, 엄마는 그날 영국에서 방학 때 나온 조카와 놀아 주느라 할 수 없이 동물원을 간 것이었다고 한다. 난생처음 동물원을 찾은 엄마와 매주 동물원에 오는 아빠와의 운명적인 만남! 그것이 없었다면 나는 태어나지도 못했겠지? 휴, 다행이다. 영국에서 온 내 사촌에게 고마워해야겠는걸.

아무튼 두 분이 너무 사랑하셔서 결혼은 했지만 몇 년 동안은 내내 다투셔야 했다. 열성적인 동물 애호가와 지독한 동물 기피자. 두 분은 그것 때문에 한참을 싸우다가 결국은 엄마가 항복을 하고 말았다. '가

'랑비에 옷 젖는다'는 말이 여기에 어울릴지는 모르지만 하루 이틀, 아빠가 보살피는 동물들을 보다 보니 엄마도 동물에 차츰 정이가고 예뻐지더라고 했다.

아빠의 완벽한 승리에다 또 아빠 편이 하나 더 늘어서, 그러니까 내가 태어나 동물 돌보기에 한 몫을 하고 있다 보니 아빠가 꿈에 그리던 견하우스, 말하자면 개집을 이루게 되었다.

아, 참참. 개 이야기를 하다 보니 내 소개가 빠졌네.

내 이름은 인석. 그러다 보니 다른 사람들이 누구를 부르는지 몰라 늘 헷갈린다. 아빠만 해도 개를 붙잡고 "이 녀석이!"를 짧게 불러 "인석이!"라고 하실 때가 많기 때문이다. "인석아!"라고 부르셔서 얼른 뛰어가 보면 포인터를 보면서 "이 녀석아!" 하고 계시거나, 또 개를 부르는 모양인가 싶어 가만히 있으면 왜 찾는데 오지 않느냐고 야단이실 때도 있다.

골치가 아프다. 왜 이름을 인석이라고 지어서 이 녀석인지 저 녀석인지 모르게 만드시냐 말이다. 그렇지만 이제는 요령이 생겨서 내 이름을 좀 구분할 줄 안다. 아빠가 개를 부르실 때의 억양과 내 이름을 부르실 때의 억양에는 차이가 있기 때문이다.

아, 말이 나와서 얘긴데, 내 귀는 상당히 예민하다. 개들과 오래 생활해서 그런지 개의 청각 못지않은 것 같다.

그리고 최근에는 말이다. 쉿! 이건 나만의 비밀인데, 내게 초능력이 있다는 사실도 알게 되었다! 이건 절대 누구에게도 말하면 안 된다. 일급비밀이니까!

내 초능력이 무엇이냐면, 아빠가 부르는 조그마한 억양 차이를 알고 난 뒤, 내 귀에 개들의 말도 들리기 시작했다는 사실! 다른 사람 귀엔 컹컹, 멍멍, 왈왈, 왕왕, 이런 정도로밖에 구별이 되지 않겠지만 내 귀에는 개들이 하는 말이 다 들린다.

새로 들어온 아프칸 하운드 녀석이 맘에 들지 않는다는 둥, 요즘 사료가 맛이 없어 졌다는 둥, 이웃에 고양이가 한 마리 있는데 밤마다 우는 소리가 시끄럽다는 둥, 개들도 그런 수다를 늘어놓는다. 그 소리들이 들린다. 내 귀에 번역기라도 새로 생긴 것일까?

공상과학영화 같은 데 보면 초능력을 가진 사람들이 많이 나오긴 한다. 몸이 고무처럼 늘어난다든지, 눈에서 빛이 나온다든지, 먼 곳의 소리를 듣는다든지. 그렇지만 나처럼 동물의 말을 알아듣는 초능력은 나온 적이 없다.

나에게는 이것이 큰 고민이다. 내 귀에는 다 들리지만 이걸 아빠한테 말씀드린다 해도 믿지 않으시겠지? 엄마는 말할 것도 없고.

밖이 캄캄하다. 개들은 많이 먹었는데도 배가 고프다고 투덜대다 잠이 들었다.

　나는 귀가 늘 시끄럽다. 사람 소리뿐 아니라 개들 소리까지 들리니 이런 초능력이 좋기만 한 일은 아닌 것 같다.

　나도 잠을 자야지.

　내일은 또 내일의 재밋거리가 기다리고 있을 테니까.

내 친구 영준이

만약 내가 다른 사람들과 같은 정도로 독서를 했다면, 다른 사람들과 같은 정도밖에 몰랐을 것이다.
- 홉스 -

개의 말소리를 알아듣는 나, 인석이! 이렇게 큰 비밀을 가진 나만큼이나 놀랄 만한 비밀을 가진 전학생 영준이의 등장! 우리는 금방 찰떡궁합 친구가 되었어. 영준이 덕에 내가 어디를 가 봤는지 알아? 게다가 누구를 만났는지도? 자, 기대하시라! 개봉박두!

① 아, 개 짖는 소리!

날이 밝았다. 금방 눈을 붙인 것 같은데 벌써 훤한 아침이라니. 이래서 저녁에 쓸데없는 생각을 많이 하면 안 된다. 귀도 시끄러운 데다 머리도 시끄러우니 잠을 잘 수가 있어야지.

시추가 아침밥으로 사료를 먹고 있었다. 나도 시간이 늦어 시리얼로 식사를 대신했다. 내 것이 더 맛있어 보인다는 눈으로 시추가 내 그릇을 쳐다봤다. 흥, 그렇다고 너랑 바꿔 먹을 수야 없지.

내가 허둥대며 뛰어나가는 모습을 보면서 개들이 한마디씩 했다.

"일찍 좀 자지, 늦게까지 불 켜고 있더니."

"인석이는 자주 지각이지?"

"아, 나도 학교 가고 싶다."

내가 듣는 줄도 모르고 저들끼리 떠든다. 엄마의 잔소리도 괴로운데 개소리까지 들어야 한단 말인가! 아, 나의 가엾은 삶이여!

나는 아침부터 내 자신이 불쌍하게 느껴져 뛰다 말고 도리어 천천히 걸었다.

옆집을 지나치려는데 고양이가 마당에서 빤히 나를 쳐다보았다.

"너희 집엔 웬 개가 그렇게 많니? 개들은 별로야. 개랑 고양이는 원수 사이라는 거, 그런 것도 모르니?"

헉! 이건 또 무슨 소린가? 저건 분명히 고양인데, 왜 고양이 소리까지 들리는 거야!

개 소리만이 아니었단 말이야? 고양이 소리까지 들린다면, 이제 쥐, 비둘기, 까치, 염소, 바퀴벌레의 말까지 내가 들어야 한다는 거야? 으, 너무해. 신이시여, 왜 내게 이런 가혹한 초능력을 주셨나요?

안 그래도 내 자신이 불쌍하다 여기던 차에 더 불쌍한 생각이 들어서 눈물이 다 날 뻔했다. 아빠처럼 수의사나 되어서 동물과 대화를 나누며 평생을 살아야 하는가 하는 생각에 슬픈 마음이 들었다. 이런 초능력은 아빠에게나 생기면 좋았을걸. 나는 수의사 같은 건 싫다. 크고 높은 꿈이 있단 말이다. 이 나라의 대통령, 더 나아가서는 유엔 사무총장, 이런 것이 되고 싶은데 이깟 동물들 말이나 알아듣는 능력이 왜 필요하냔 말이다. 사람들이 잘살도록 나라를 이끌려면 사람들의 요구와 원하는 것들을 더 많이 들어야 하는데, 돼지와 닭들의 소원이나 듣고 있어야 하냐고!

아, 가엾은 나의 귀. 솜으로 틀어막을 수도 없고…….

이런저런 생각에 터덜터덜 걸었다. 이미 학교는 늦었다. 내 귀가 동물들의 울음소리에서 해방되지 않는다면, 영영 이렇게 살아야 하는가.

다행히 아직 수업은 시작되지 않고 있었다. 조심스럽게 교실 뒷문을 열고 자리에 가서 앉았다. 교단에는 낯선 남자 아이 하나가 서 있었다. 웬일인지 선생님께서는 상기된 얼굴로 그 옆에 서 계셨고, 내가 늦는 것도 눈치 채지 못하신 것 같았다. 다른 날 같았으면 교실 뒤로 가서 10분은 서 있어야 하는데 말이다.

"여러분, 새로 온 친구를 소개하겠어요. 이름은 박영준. 영준이는 다른 학교에 다니다가 집이 이사를 해서 전학을 오게 되었어

요. 자, 친구들과 인사해요."

선생님께서 약간 긴장한 목소리로 새로 온 아이를 소개했다. 선생님의 저런 모습은 처음이다. 마흔 살이 되도록 아직 미혼이신 선생님께서는 웬만한 일에는 놀라지도, 당황하지도 않는 분인데 말이다. 너무 놀라지 않아서 만우절 거짓말도 통하지 않을 정도다. 그런데 그런 분이 왜 저렇게 긴장을 하셨을까? 우리에겐 쓰지 않던 존댓말까지 쓰시면서 말이다.

"안녕하십니까? 저는 박영준입니다. 앞으로 잘 부탁드립니다."

또박또박 자신의 이름을 밝힌 아이가 머리를 꾸벅 숙였다. 아이들은 박수로 환영하면서 수군수군하였다. 옷차림도 단정하고 말끔하게 생긴 전학생에게 여자 애들 몇몇은 벌써 넘어간 눈치다. 하여간 잘생긴 거에는 약하다니까. 나도 코만 약간 더 높았으면 잘생긴 얼굴이라고.

"저기 인석이 옆 자리가 비었네요. 영준아, 우선 저 자리에 앉도록 해요."

여학생이 한 명 부족해서 남학생이 돌아가면서 혼자 앉는데 지난달부터 내가 혼자였다. 마침 혼자였던 나에게 짝이 생긴 것은 반가운 일이다.

"난 인석이라고 해. 짝이 됐으니 잘 지내보자."

내가 먼저 말을 건넸다. 낯선 데 와서 불편할 텐데 내가 먼저 챙겨 줘야지. 처음 보는 얼굴인데도 이상하게 영준이에게 정이 가서 마음이 쓰였다.

"여자보다는 남자가 더 편해. 남자 짝이라 나도 좋다."

영준이가 대답했다. 짜식, 팬 관리가 귀찮다는 말이군. 하긴 이 정도 얼굴에 여자 애들이 보통 귀찮게 했겠어? 그래도 녀석 솔직한 데가 있네. 감추지 않고 말을 하는 걸 보니.

조금 전 존댓말까지 하면서 긴장한 듯했던 선생님께서는 영준이가 자리에 앉자 언제 그랬냐는 듯 평소처럼 수업을 시작하셨다. 우리는 서둘러 책을 꺼냈다.

그것이 나의 새 짝 영준이와의 첫 만남이었다.

② 영준이의 정체

나와 영준이는 곧 친해졌다. 솔직한 성격의 영준이는 별로 감추는 것 없이 편하게 말을 했고 나도 그런 영준이가 편해서 친근하게 대했다. 좋아하는 것도 비슷했고, 관심사도 비슷했고(좋아하는 여자 연예인 취향도 그렇고. 히히.) 역사를 재미있어 하는 것도 비슷했다.

그런 영준이에게 단 하나 이상한 점이 있다면 학교 수업이 끝나고 집으로 돌아갈 때이다. 보통 아이들은 같이 군것질을 하기도 하고 운동장에서 공을 차기도 하는데, 영준이는 수업이 끝나기만 하면 누가 쫓아오기라도 하는 듯 서둘러 가방을 챙겨 나가는 것이었다. 이제 어느 정도 친한 친구가 되었다고 생각하는 나조차도 영준이의 집을 몰랐다. 아니, 어느 방향인지도 몰랐다.

언젠가 저 먼 곳에서 까만 차에 올라타고 가는 영준이를 본 적은 있다. 꽤 떨어진 곳이어서 불러도 들리지 않을 거리였는데, 부모님이 데리러 온 것이라면 왜 굳이 멀리 차를 세웠을까? 다른 친구 엄마들도 학교 올 일이 있을 땐 애들을 불러서 태워 가는데.

한번은 영준이에게 물어본 적도 있었다.

"너 먼 데서 여기 학교까지 온 거니? 집이 이 동네면 같이 가도 좋을 텐데, 혼자 먼저 가고 말이야. 무슨 일이라도 있는 거야?"

"으응, 그냥. 그게…… 우리 부모님이 엄해서 그래."

영준이는 이 정도로 얼버무리고 넘어갔다. 아무래도 뭔가가 있는 것 같다고 생각했지만 그냥 말하기 싫은 이유가 있나 보다 하고 난 더 이상 궁금해하지 않기로 했다.

그런 영준이가 오늘은 우리 집에 같이 가기로 했다.

영준이가 전학을 온 지도 한참이 지났고, 우리가 친해진 것도 꽤 오래 돼서 몇 번 우리 집에 같이 가서 숙제도 하고, 놀자고 했었다. 우리 집엔 개가 많아서 다른 친구들은 개를 보러 오는 재미로라도 오고 싶어 한다. 그렇지만 어찌 된 영문인지 영준이는 지금까지 번번이 안 된다며 거절했다. 그런데 오늘은 영준이가 먼저 우리 집에 가자고 했다. 부모님께 특별히 허락을 받았다며 비장한 얼굴빛마저 보이는 것이었다. 영준이의 부모님은 진짜 엄하신가 보다. 저렇게 철저히 귀가 시간을 지키는 걸 보면 말이다.

우리는 둘 다 신이 나서 집으로 뛰었다. 개들의 소리가 들리는 것을 보고 영준이는 금방 우리 집을 맞혔다.

"엄마! 저 왔어요."

나의 들뜬 인사에 엄마가 마중을 나오셨다.

"오늘은 친구도 같이 왔네. 반갑구나. 들어와서 재미있게 놀다 가렴."

영준이와 나는 2층의 내 방으로 뛰어 올라갔다. 내 방은 다락을 개조해서 꾸몄기 때문에 여름엔 덥고 겨울엔 추운 것이 흠이지만, 비스듬한 천장은 정말 멋지다. 여기에서 바깥을 내다보면 그 풍경이 완전 작품이다. 내가 그림을 조금만 잘 그렸어도 창을 통해 보이는 이 아름다운 경치를 한 장 남기는 건데.

"와, 네 방 진짜 좋구나. 이런 데 살아서 좋겠다. 너 혼자 쓰는 방도 있고, 부모님도 가까운 데 계시고, 개도 많이 기를 수 있고. 맘대로 뛰고 소리 질러도 되니까."

영준이가 정말 부러운 듯이 내 방을 둘러보며 말했다.

"너는 방 혼자 안 쓰냐? 너희 부모님은 멀리 계셔? 뛰고 소리 지르면 안 돼?"

그동안 영준이에게 궁금한 것이 많았던 참에 영준이가 한 말이 이상스러워 질문이 마구 쏟아졌다. 진작부터 묻고 싶은 것이었는데, 비밀스러운 이 녀석이 오늘은 말해 줄까?

영준이의 얼굴이 순간 굳어졌다. 그러고는 침통한 표정으로 무겁게 입을 떼는 것이었다.

"사실은 말이야. 너에게 말하지 않은 비밀이 있어."

"비밀? 무슨 비밀인데?"

영준이가 제 입으로 비밀이라고 하니 궁금함이 더 커졌다.

"아무에게도 말하지 않는다고 약속해. 꼭! 정말이야! 오늘도 간신히 허락받고 나온 거란 말이야. 이 소문이 친구들한테 알려지면 난 또 전학가야 할지도 몰라."

"나 입 무거운 거 알면서. 절대로 말하지 않을게. 약속! 그래, 그 비밀이 뭔데?"

영준이가 다시 전학을 해야 할지도 모를 큰 비밀은 뭘까? 혹시 아버지가 살인죄로 감옥에……? 아니지, 아니지. 저런 반듯한 얼굴에 그런 일이 있을 리 없어. 그럼 혹시 스파이 같은 거? 아냐, 아냐……. 내가 영화를 너무 많이 봤나 봐. 이런 영화 같은 생각이나 하다니. 그럼 뭐지?

"우리 아빠, 대통령이야."

"뭐? 대통령?"

나는 너무나 놀라 입이 쩍 벌어지고, 비명처럼 대답이 크게 터져 나왔다.

"쉿! 너무 큰 소리 내지 마!"

"아, 참참. 알았어. 그런데 네 말 진짜야? 정말이야? 사실이야? 참말이야?"

믿을 수가 없어 묻고 또 물었다. 대통령이라니, 대통령의 아들과 내가 친구라니, 이런 일이 있을 수나 있을까!

"응. 사실이야. 그렇지만 나는 아빠가 대통령이신 게 싫어. 어딜 가든 말이 나오지 않게 숨겨야 하고, 행동도 마음대로 못하고, 운동회에도 엄마가 못 오시잖아. 차라리 우리 아빠도 수의사셨다면 좋았을 텐데."

참 신기한 일이다. 나는 아빠가 유명하고 대단한 사람이 아닌 것이 아쉬웠는데. 우리 아빠도 대통령 같은 거 하면 좋겠다고 생각했는데 말이다. 나도 크면 대통령처럼 큰 인물이 되겠다고 결심할 정도로 아빠가 대단한 사람이길 바랐는데, 영준이는 나를 부러워하다니.

"너는 아빠가 자랑스럽지 않니? 우리나라 사람이면 모르는 사람이 없을 테고, 세계에서도 아는 사람이 많을 텐데, 그렇게 유명한 사람이 너희 아빠라면 좋지 않아?"

나는 진심으로 부러워서 영준이에게 물었다. 도대체 정말 그렇게 되면 뭐가 안 좋단 말이지?

"아빠가 훌륭한 일을 하시는 건 자랑스럽고 또 존경스럽지. 그렇지만 우리 식구는 늘 그것 때문에 조심스럽단다. 소리도 크게 못 내고, 맘대로 뛰는 것도 안 되고, 엄마 아빠와 얘기 나눌 시간도 없어. 아마 나보다 다른 사람들이 아빠의 얼굴을 더 많이 볼걸? 텔레비전으로 말이야. 나는 아빠의 진짜 얼굴을 보기도 어려워. 얼마나 할 일이 많으신지……."

영준이가 쓸쓸한 얼굴로 말했다. 영준이의 말을 듣고 보니 그럴 것도 같았다. 아빠가 너무 유명해지면 나와 놀아 주고, 목욕탕 갈

시간도 없어지겠지? 그건 좀 싫다. 같은 남자끼리 아빠랑 남탕에 가서 남자 어른 흉내 내는 것이 얼마나 재미있는데.

그럼 나의 장래 희망을 다시 수정해야 하나? 어쨌거나 아빠가 수의사라는 걸 조금 불만삼기도 했는데 이제는 감사해야겠다. 집에서 맘대로 행동한다는 게 얼마나 좋은 것인지도 이제야 알겠다.

그때 밖에서 개 짖는 소리가 들렸다. 아니, 개들의 말소리가 들렸다.

"저 까만 남자는 뭐지? 처음 보는 얼굴인데."

개가 하는 말을 듣고 나는 영준이의 경호원이 여기 있다는 걸 짐작했다.

"너희 경호원 아저씨, 너 갈 때까지 기다리는 거야?"

"어? 그걸 어떻게 알았어? 우리 올 때는 아무도 없었는데. 너 언제 그 아저씨 봤어?"

영준이가 깜짝 놀라 물었다. 경호원이 남의 눈에 들키면 안 되는 것인가 보군.

"아, 그게 아니고……."

말하려고 보니 개들의 말을 들었다고 하기도 그렇고, 경호원을 봤다고 거짓말할 수도 없고 그랬다.

영준이도 큰 비밀을 털어놨는데 에이, 나도 비밀을 얘기해 주지 뭐.

"나도 너한테 말해 줄 비밀이 있어. 이거 아무에게도 말하면 안 돼."

영준이에게 사실대로 나의 초능력을 밝히자 영준이의 눈이 휘둥 그레졌다.

"뭐? 동물의 소리가 들린다고? 히야, 진짜 신기하다. 너 그걸로 기인열전, 초능력의 세계, 이런 프로그램에 나가 봐. 텔레비전 나간다고 하면 다들 난리일걸."

영준이가 농담인지 진담인지 신이 나서 얘기했다.

"이건 내 일급비밀이라고! 아무한테도 말하지 말라니까 텔레비전 출연이라니! 그리고 내가 그런 능력이 있다는 걸 누가 확인해 주냐? 나 말고 알아듣는 사람이 없는데, 걔 말이 맞는지 아닌지 어떻게 알겠어!"

영준이가 내 말을 의심하는 대신 재미있게 받아들여 주니 마음이 편해지기도 하고, 놀리는 것 같아 조금 기분이 상하기도 하고 그랬다.

"하하, 농담이야, 농담. 너 그런데 진짜 대단하다. 어떻게 그런 능력이 생겼냐?"

영준이가 정말 대단하다는 듯한 얼굴로 쳐다보기에 상했던 마음이 풀렸다.

"나도 잘 모르겠는데, 몇 달 전에 귓병을 심하게 앓은 적이 있거든. 아픈 동안은 사람 소리도 잘 안 들리더니 낫고 난 뒤부터 동물 말까지 들리는 거야. 다시 귓병이 생기더라도 이 괴상한 능력이 없어졌으면 좋겠어. 얼마나 괴로운지 넌 모를 거야."

나의 한탄에 영준이가 한숨을 쉬며 말했다.

"나의 괴로움도 너는 다 모를걸."

우리는 그렇게 나의 괴로움, 너의 괴로움을 얘기하다가 문득 눈길이 마주쳐 서로 웃었다. 이런 상황이 우스웠다. 큰 비밀을 하나씩 가지고 있던 친구 둘이 짝이 되어 비밀을 나누고 있으니……. 그래도 이렇게 털어 놓고 나니 후련했다. 영준이도 그랬다. 나 혼자만 알게 된 사실이었지만 짝에게라도 말하고 나니 마음이 가볍다고 했다. 슬픔은 나눌수록 가벼워진다고 하는데 비밀도 그런가 보다. 나누고 나서 훨씬 마음이 가벼워졌으니 말이다.

③ 국가란 무엇일까?

서로의 가장 큰 비밀을 알고 나서 우리의 사이는 더욱 가까워졌다. 나는 마치 영준이의 경호원이라도 된 듯이 아이들의 의심스러운 눈초리를 막아 주려고 영준이가 차를 타는 곳까지 같이 가 주기도 했다. 수업이 끝나면 친구들과 어울리는 일도 없이 곧장 가 버리는 영준이를 아이들이 이상하게 생각할까 봐서다. 우리는 영어 학원을 같이 다니기 때문에 일찍 가야 된다는 핑계를 대면서 얼른 교문을 빠져 나오곤 했다. 그럴 때마다 꼭 국가 기밀 정보국

정보원이라도 된 기분이었다. '대통령의 아들, 신변을 보호하라!' 이런 명령을 받기라도 한 듯 나는 믿음직스럽게 임무를 수행했다. 물론 나 혼자만 생각하는 중대한 임무지만.

"오늘 배운 유럽 역사 얘기 재미있지 않았냐?"

학교 담장을 따라 걷다가 영준이가 입을 떼었다.

"응. 특히 영국 역사가 흥미 있던걸. 17세기에 정치적 혼란이 극에 달하고, 종교적 가치관이 붕괴되던 개혁기라고 불려야 할 정도의 무질서했던 과도기 말이야. 시민에 의한 법이라는 게 없이 오직 왕과 귀족과 종교인들에 의한 무자비한 통치만이 있던 시대에서 그 권리와 막강한 힘이 시민에게로 넘어 오는 얘기는 한 편의 영화 같았다니까."

우리 둘은 역사를 좋아한다는 면에서 특별히 뜻이 잘 맞았다. 다른 친구들은 외울 것도 많고 골치가 아프다고 하는데 나는 사람들이 그 옛날부터 살아왔던 과정을 배우는 것이 재미있다. 우리나라뿐 아니라 다른 나라, 특히 유럽의 역사는 신비한 공상까지 하게 한다. 얼마 전에 세계 유명 건축물을 작은 크기의 모형으로 만들어 전시한 아인스 월드에 다녀왔을 때도 그 건물들이 너무나 멋져 몇 바퀴를 다시 돌면서 구경했는지 모른다.

유럽의 뾰족한 탑들과 멋들어진 창문, 화려한 궁전의 모습에 감탄이 절로 나왔다. 작은 모형을 보는 것인데도 말이다. 크면 꼭 실제로 그 모습들을 보겠다고 결심했었지.

그런 근사한 궁궐에서 왕과 왕비, 수많은 신하들이 번쩍이는 옷을 입고 정원을 걸어 다니는 모습이란……, 상상만으로도 멋지다. 이런 상상과 함께 수업을 들으면 흥미가 배가 된다고!

어느 날, 깃털 달린 모자를 쓴 제복의 남자가 말을 타고 달려와 왕에게 황급히 소식을 전한다.

'폐하, 지금 시민군이 궁궐로 쳐들어오고 있습니다!'

아, 얼마나 긴장될까.

"그런 시대가 있었으니 우리가 지금 이렇게 사는 거 아니겠어? 과거의 모든 왕이 다 그랬던 건 아니지만 영국의 과도기 때와 같은 왕이 여전히 나라를 지배한다면 얼마나 무섭고 숨 막히겠냐? 하고 싶은 말도 못하고 말이야."

내가 한참 상상 속을 헤매일 때 영준이가 말했다. 영준이는 왕이 사라지고 대통령이 있는 지금이 더 좋은가 보다. 하긴 왕이 계속 나라를 다스린다면 지금 영준이 아빠도 대통령이 못 되셨겠지. 그렇지만 하고 싶은 말 못하는 건 지금도 마찬가지면서…….

나는 은근히 보석 달린 왕관을 쓰고, 왕이 되어 근엄한 모습으로 앉아 있을 내 모습을 상상했기에 옛날도 좋았겠다 생각했었는데.

"참, 그러고 보니 왕도 시민군에게 처형당한 일이 있었지? 어휴, 그걸 깜빡했네. 괜히 왕이 되었다가 목숨을 잃을 수도 있는 거잖아? 영준이 네 말대로 차라리 지금이 낫겠다."

갑자기 든 생각에 상상의 날개가 뚝 부러지는 것 같았다.

"지금처럼 완전한 민주주의는 아니지만 그 당시 영국도 점차 민주화되어 가는 과정에서 시민들이 자유롭게 장사를 해서 돈을 많이 벌어 정치에까지 참여할 수 있게 됐고, 그래서 왕의 힘보다 더 강해진 시민이 모여 신으로 대접받던 왕을 처형할 수 있었던 거지. 그런 거 생각하면 그땐 정말 혼란스러웠을 거 같아."

영준이의 말에 나는 꼭 내가 사형을 당하기라도 하는 듯 무서워져서 어깨를 떨었다.

"그래도 왕의 입장에선 처형당한 거지만 이제 진정한 나라의 주인인 시민에게 주권이 넘어왔다는 점에서는 바람직한 면도 있다고 봐. 모든 권한과 힘이 왕 한 사람에게 집중되면 무엇이든 마음대로 휘두르게 될 테니까. 나라의 주인은 한 사람이 아니라 사회에 살고 있는 모든 사람 아니겠어? 모든 사람의 뜻을 모아 사회를

이끌어 가는 방향으로 시대가 바뀐다는 건 올바른 변화라고 생각해. 그래서 지금의 민주주의도 꽃 피울 수 있었던 거니까."

영준이가 선거 유세에서의 연설문처럼 힘주어 또박또박 말했다. 대통령의 아들은 그냥 되는 건 아닌가 보다. 영준이 녀석, 제법 똑똑한데?

"아 참, 너 숙제 어떻게 할 거니?"

영준이가 자기주장을 열심히 말하다가 갑자기 생각난 듯 물었다. 17세기 유럽과 영국 사회를 배우면서 선생님이 내준 숙제는 '국가란 무엇인가' 이었다. 너무 막연하고 어려워서 걱정하고 있던 숙제였다.

"글쎄. 나도 어떻게 해야 할지 모르겠어. 인터넷으로 찾아보든가, 아니면 도서관에 가 보려고 하는데, 질문이 어려워서 말이야. 선생님은 우리 수준을 너무 높게 본다니까."

나도 모르게 투덜거렸다. 선생님은 다 좋은데 어려운 숙제를 많이 내주시는 게 흠이다. 오늘처럼 이런 식으로 말이다. 어느 땐, '삶이란 무엇인가' 를 생각해 오라고 하셔서 머리가 다 빠지는 줄 알았다. 그때 우리 반에 괴짜 녀석이 계란을 하나 꺼내더니 '삶은! 계란이다……' 하면서 껍질을 까서 먹는 바람에 우리가 책상을 두들기며 웃었던 기억이 난다.

그때처럼 오늘 숙제도 정말 난감하다.

"그럼, 너 우리 집에 가서 같이 할래?"

영준이의 제안에 나는 깜짝 놀랐다. 영준이네 집이라 하면, 그 유명한 청! 와! 대?

아, 거길 어떻게 들어간단 말인가? 아니, 가도 되나?

나는 너무 놀랍고 의아해 다시 물었다.

"너희 집은 대통령이 사는 그 청와대 아냐? 거길 내가 어떻게 가겠어?"

"이런 일은 정말 한 번도 없었지만, 너를 꼭 초대해 보고 싶어서 그래. 거기 가면 아빠 서재에 책이 굉장히 많거든. 아빠도 역사를 좋아하시는 데다 직업이 또 그렇다 보니까 국가에 관한 책들이 많아. 아마 웬만한 도서관 못지않을걸. 오늘 한 번이니까 특별히 봐 주실 거야. 지난번에 너희 집에도 갔었으니까 우리 집에도 가 보자."

우와! 내가 청와대에 가 보게 되다니! 이게 꿈은 아닐까? 심장이 쿵쾅거렸다. 나중에 크면 내가 살게 될 집이라고 큰소리 치긴 했지만 정말 청와대에 갈 수 있을 줄은 몰랐다. 이래서 친구를 잘 만나야 되는 거구나.

집 주인이 청하는데 안 갈 이유가 없었다. 공중전화에서 엄마에게 전화를 걸어 친구네 집에서 숙제를 하고 가겠다고 허락을 받고 영준이네 까만 차에 올라탔다.

영준이가 타고 있는 것을 알아서인지 우리는 영준이네 집, 청와대까지 막힘없이 들어갔다. 입구에서 몸수색이라도 할 줄 알았는데 그냥 들여보내 주었다.

청와대에서 홉스를 만나다

청와대는, 그야말로 궁전이었다. 구경하느라 눈이 팽팽 돌 지경이었다. 유럽의 건축물과는 다른 모습이지만 우리나라를 대표하는 대통령이 사는 곳으로, 외국의 귀빈이 왔을 때 자랑할 만한 품위가 있었다. 어른이 되면 내가 꼭 다시 오리라, 나는 결심을 하며 미리 연습이라도 하듯 의젓하게 걸었다.

영준이의 방은 내 방의 열 배쯤은 되는 것 같았다. 엄청 넓고, 엄청 으리으리했다. 이런 방에 살면서 자기 처지를 투덜거리다니.

"히야! 네 방 진짜 좋다. 여기서 수업을 해도 되겠는걸."

정말이지 우리 교실만큼 넓어서 반 친구들이 다 들어올 정도는 되어 보였다.

"응. 나도 처음엔 너무 좋아서 여기서 달리기도 했어. 저 쪽 끝에서 이 쪽 끝까지. 그런데 자꾸 조심하란 얘기를 들으니까 불편해지더라. 전에 살던 조그만 내 방이 그리워서 나 혼자라도 나가서 살고 싶었을 정도야. 엄마 아빠가 꼭 같이 살아야 한다고 해서 어쩔 수 없이 있긴 하지만 얼른 아빠 임기가 끝났으면 좋겠어."

영준이의 얼굴이 조금 우울해지자 나는 얼른 화제를 돌렸다.

"그나저나, 아빠 서재는 어디 있어? 거기부터 가 보자."

"아참, 숙제를 먼저 해야지. 2층 복도 끝에 있어. 같이 가자."

영준이와 서재로 향해 걸어가는 동안 가슴이 좀 떨렸다. 혹시 영준이 아빠, 대통령을 만나면 어떻게 할까? 사인이라도 받아 둘까? 에이, 영준이도 잘 못 본다는데 낮에 계실 리가.

그때 영준이가 갑자기 앞으로 뛰어 나갔다.

"아!"

앗! 진짜 대통령이다. 대통령이란 말이다! 텔레비전에서나 보던 그 대통령! 우와, 텔레비전하고 똑같이 생기셨네.

"영준이 학교 다녀왔니? 우리 아들, 오랜만에 보는걸."

영준이 아빠가 말씀하셨다. 목소리도 똑같다! 감격이다! 내가 대통령의 얼굴을 직접 보다니!

"아빠, 제 친구 인석이에요. 학교 숙제를 같이 하려고 온 건데 괜찮죠?"

"그럼, 여기는 청와대지만 우리가 사는 집이기도 하니까, 네 친구를 데려온다고 안 될 거야 없겠지? 아, 미안하지만 아빠는 바빠서 먼저 가마. 잘 놀다 가렴."

영준이 아빠가 나에게 인사를 하면서 빠른 걸음으로 사라지셨다. 가까이서 보니까 그냥 아빠들하고 다르지 않구나. 금방 이발소에서 나온 것처럼 머리를 깔끔하게 정돈한 것 말고는. 우리 아빠는 늘 덥수룩한 머리인데……. 그것 때문에 엄마에게 항상 잔소리를 듣는데도 말이다.

"너희 아빠 진짜 멋지시구나. 햐, 근사하다, 근사해."

나는 진심을 담아 부러움을 표했다. 그래, 나도 저렇게 멋진 대통령이 되어야지.

영준이는 쑥스러운 듯 웃으며, 가던 길로 나를 이끌었다.

대통령의 서재. 우리는 그곳으로 들어갔다.

"국가란……, 이라고 했지? 이쪽 어디 있을 텐데……. 아, 여기 있다. 국가의 기원, 국가의 탄생, 플라톤의 국가, 세계의 국가, 음……. 홉스의 국가론? 이건 어떨까?"

영준이가 둘러보다가 책 하나를 꺼내 들고 왔다.

"홉스? 이건 누구냐?"

처음 듣는 이름에 내가 물었다.

책을 뒤적이더니 영준이가 대답했다.

"영국의 정치철학자래. 1588년 태어났다니까 오늘 배운 17세기 영국 사람이겠네."

왠지 홉스라는 철학자가 오늘 숙제에 대한 해답을 줄 것 같아 우리는 자리를 잡고 앉아 자세히 책을 읽기 시작했다.

개별 인간은 자연 상태에서 각자 자신의 생명을 보존하고 죽음을 피하기 위해 자연권을 행사한다. 자연 상태에서는 예의범절도 지배도 없고, 내 땅 네 땅도 없으며 모든 사람이 스스로 지킬 수 있는 동안만 무엇이든 소유하게 된다. 이러한 불행한 자연 상태에서 빠져 나올 방법, 즉 자연 상태의 정념과 이성을 토대로 인위적인 국가를 수립할 방법을 모색했다.

"야, 무슨 말이 이렇게 어렵냐? 그래서 국가가 뭐 어떻다고?"

자연 상태, 정념, 토대, 뭐 이런 말이 나오니까 이해가 잘 안 되던 내가 투덜댔다.

"잠깐 기다려 봐. 여기 뒤를 더 읽어 보자."

신이 자연 세계를 창조했던 것과 마찬가지로 그것을 모방해서 인간은 인위적인 국가, 즉 리바이어던을 수립해야 한다고 한다. 이성에서 유래하는 자연법에 입각해서 세워진 인위적인 국가는 모든 시민의 생명을 보존하고 영원히 평화를 유지시켜야 한다. 영원히 평화를 유지시킬 유일한 방법은 사람들이 서로 간에 계약을 맺어 절대 국가의 명령에 따르는 것이며 그것의 명령은 실제로 위반할 수 없을 만큼 강력한 것이다.

"그러니까 이런 거 아닐까? 사람들은 저마다 자기만 잘 살고 싶은 욕심이 있어서 평화를 얻지 못하고 싸우게 된다. 그래서 필요한 것이 국가다 이거지. 사람들이 모두 평화롭게 살 수 있게 하기 위해 국가가 절대적인 권력을 가져야 한다는 뜻인 것 같은데."

영준이 녀석 머리가 되게 좋은가 보다. 나는 무슨 말인지 하나도 모르겠는데 이 녀석은 벌써 뜻까지 이해하고 있었던 것이다. 영준이의 설명을 거쳐서야 조금 알아들은 내가 물었다.

"그럼, 국가란 사람들이 평화롭게 살기 위해 있는 것이다, 이런 뜻이 되겠네?"

"그렇지. 간략하게 답하면 그럴 테지만 내용을 더 보면 재미있을 것 같아. 자연 상태에서 사람들이 계약을 맺었다, 이 부분 말이야."

영준이가 흥미를 보이며 눈을 반짝였다. 아빠가 정치를 하니 아들도 정치철학에 관심이 깊은가 보군.

"나는 그냥 한 줄 답으로 쓸래. 머리가 아프다 야. 너 혼자 더 읽어 봐. 나는 영국 역사책이나 더 찾아서 보고 있을게."

우리는 서로 다른 책을 들고 앉아 한참을 서재에 머물렀다. 밖이 어둑하여 집으로 돌아갈 시간이 될 때까지.

최초의 근대 정치철학자 **홉스**

여기에 처음 등장하는 이름 홉스는 누구일까요?

토머스 홉스는 1588년 4월 5일 영국의 맘스베리에서 태어난 정치철학자랍니다. 그의 어머니는 스페인의 무적함대가 영국을 침략해 온다는 소식을 듣고 놀라서 홉스를 조산했다고 하는 얘기가 전해지지요. 그는 죽기 며칠 전까지도 또렷한 기억력을 가질 만큼 정정하게 여든한 살까지 장수했답니다.

그는 17세기의 위대한 철학자들 가운데 한 사람으로 지식의 확고한 토대를 탐구했는데, 당시에 발전했던 수학과 물리학의 영향을 받았지요. 오늘날에도 유명한 저서 《리바이어던》으로 홉스는 당시 사회에 큰 반향을 일으켰답니다.

역사적으로 17세기 초기와 중기는 유럽의 여러 나라들이 사회, 정치적으로 큰 변동을 겪은 시기였습니다. 1642년 발발한 영국의 시민전쟁은, 찰스 1세가 처형된 후 시민군의 장군이었던 올리버 크롬웰이 정권을 잡은 7년간 절정에 달했지요.

홉스는 당시 여러 분파로 나뉘어 치열한 다툼이 벌어지던 때에 《리바이어던》이라는 책을 펴내어 자신의 사상을 알렸답니다. 혼란스러운 조국, 영국의 평화와 안전을 진심으로 희망했던 홉스는 자신의 모든 능력을 발휘해서 국가와 관련된 문제들을 연구했지요. 그런 연구를 통해 평화로운 국가를 만들기 위한 해결책을 논리적으로 제시하려 했답니다.

'최고의 무신론자이며 맘스베리의 악마' 라는 비난과 함께, '새로운 철학의 빛나는 땅을 개척한 위대한 콜럼버스' 라는 찬사를 동시에 받았던 홉스는, 당시의 저서로 영국에서 도망쳐야 할 만큼 위험에 처하기도 했습니다.

그러나 시민사회의 성립과 정부 구성의 원리를 사회계약이라는 틀 위에 세운 최초의 근대 정치철학자라는 사실만큼은 분명합니다. 홉스의 그런 원리는 지금의 민주주의 뿌리에도 맞닿아 있지요.

2

만인 대 만인의 투쟁

인간의 본성에는 싸움의 중요한 원인 세 가지가 포함되어 있다. 그것은 경쟁, 불신, 명예이다.

－홉스－

대통령의 아들 영준이를 친구로 둔 덕에 선생님께서 내주신 '국가란 무엇인가'라는 심오한 숙제를 청와대에서 하게 되었어. 거기서 우린 홉스라는 어려운 철학자를 만나게 되었지. 그런데 이 철학자가 날 악몽에 시달리게 하는 거야! 도대체 홉스가 살던 시대는 왜 그렇게 무서웠던 거냐고!

① 자연의 상태는 악몽?

저기 나무 한 그루가 있다. 사과 같기도 하고 석류 같기도 한, 새빨갛고 탐스럽게 윤이 나는 사과. 음, 무척 먹음직스럽게 생겼다.

주변을 돌아보니 낯선 곳이다. 여기가 어딜까. 큰 바위와 벌거숭이산들이 둘러 있고, 온통 침침한 잿빛인데, 기침이 났다. 그런데 기침 소리가 너무 크게 울려 나도 깜짝 놀랐다.

앗! 여기는 동굴이잖아? 서서히 날이 밝는지 동굴 안으로 빛이 들어온다. 찬찬히 살펴보니 동굴 안에는 사람들이 가득 있었다.

모두들 지치고 배가 고픈 듯 보인다.

해가 더 들어 주변이 밝아지자 사람들이 슬슬 움직이기 시작했다. 아무도 서로에게 말을 걸지 않는다. 분위기가 너무 으스스하군.

사람들은 점점 더 동작이 빨라지면서 저 멀리 있는 나무를 향해 달린다. 사과 같이 생긴 열매를 따려는 것인가 보다. 나도 갑자기 참을 수 없는 배고픔이 느껴져 같이 움직였다. 분명히 열매보다는 사람이 많았다. 아니, 너무 많았다. 저 열매는 몇 개 달려 있지도 않은데, 이 많은 사람들이 어떻게 먹을 수 있을까?

사람들은 이제 서로를 밀치고, 어깨를 부딪치며, 남의 발을 밟기도 하면서 뛰었다. 전속력으로 뛰었다. 힘이 모자란 나는 곧 뒤처지고 말았다. 모두들 서로 뒤엉켜 먼저 앞서려고 짓밟고 다른 사람을 잡아당겼다. 피를 흘리는 사람도 있었다. 저 탐스런 열매를 먹으려고 사람들은 사람들과 싸웠다. 누군가의 팔에 밀려 나는 바닥으로 쓰러졌다. 아, 너무 무섭다. 이러다 나는 죽는 것인가? 이게 현실은 아니겠지?

순간 번쩍 눈이 떠졌다. 꿈이었나 보다. 아, 다행이다. 등이 축축한 것이 꿈속의 공포가 그대로 느껴졌다. 보통은 깨어나면 기억이 잘 안 나는 것이 꿈인데 너무 생생하다. 나를 짓밟던 사람들의 발,

두려움에 떠는 듯한 눈동자, 윤이 나며 반짝이던 그 사과. 그걸 먹으면 영원히 살기라도 하는 걸까? 불로장생의 열매, 뭐 그런 것이라도 되는 것이었을까? 사람들은 왜 그걸 따려고 그렇게 서로 싸웠을까?

어쨌거나 그런 시대에 내가 살지 않아서 다행이다. 생각만으로도 끔찍하다.

저녁에 배가 불러서 먹지 못한 사과 때문에 이런 꿈을 꾸었나 보군. 그렇지만 사과를 먹고 싶은 꿈치곤 너무 무섭다.

나는 악몽을 떨치려고 머리를 흔들고는 다시 잠자리에 들었다.

한 시간이나 잤을까? 잠깐 눈을 감았다 뜬 것 같은데 벌써 아침이었다. 으악, 또 백 미터 달리기로 아침을 시작하겠군. 나는 대충 고양이 세수만 하고 학교로 허겁지겁 뛰어 갔다.

첫 시간은 역사 수업이었다. 우리는 선생님이 내준 '국가란 무엇인가'라는 숙제를 놓고 조별로 토의를 했다. 각자 자기가 조사해 온 국가의 뜻에 대해 이야기하고 바람직한 국가의 모습에 대해 의견을 나누었다.

결론적으로 국가는 국민을 편안하고 행복하게 해 주어야 한다는 데 뜻을 모았다. 그러기 위해 대통령의 역할이 중요하다고 말하는

친구도 있었다. 대통령이 잘해야 나라가 잘 된다고 아빠가 늘 그러셨다는 것이다. 그 친구의 말이 끝나자 조용히 듣고 있던 영준이가 입을 열었다.

"한 나라의 정치는 대통령 혼자만이 하는 건 아니잖아? 국회의원들도 자신들이 속한 당의 이익만 내세울 게 아니라 국민들을 위한 좋은 정책들을 많이 만들어야 하고, 입법부, 사법부, 행정부 모두 손발이 맞아야지. 국가는 왕이나 대통령 한 사람에게만 권력이 있는 것이 아니라 모두가 협력해서 이끌어 가는 것이니까. 그리고 진정한 나라의 주인인 우리가 대통령이나 국회의원들이 얼마나 올바르게 정치를 하고 있는지 관심을 갖고 다양한 방법으로 참여하는 것이 가장 중요하다고 생각해."

영준이가 진지하게 말했다. 친구들이 영준이의 똑 부러지는 말에 모두 동의하면서 우리 조는 토론을 마쳤다.

수업이 끝나고 쉬는 시간이 되었다. 나는 갑자기 어젯밤의 꿈이 생각나서 영준이에게 말했다.

"나 어제 꿈에서 죽을 뻔했다."

"죽을 뻔했다고? 에이, 뻔이 아니라 진짜 죽은 거였으면 길몽인데. 꿈에서 자기가 죽으면 아주 좋은 일이 생기는 거라고 할머니가 그랬거든."

"길몽이 아니라 악몽이었다, 악몽!"

생각만으로도 몸이 으스스 떨렸다. 궁금해하는 영준이에게 다시 얘기를 해 주면서도 무서움이 없어지지 않을 정도였다.

"야, 그거 홉스의 만인 대 만인의 투쟁! 바로 그거 아니야? 내가 상상한 거랑 똑같다, 똑같아."

영준이 깜짝 놀라며 말했다.

"어제 우리가 보던 홉스 책 말이야. 거기 보면 자연 상태라는 것이 나오거든. 자연 상태에선 사람들이 이기적으로 서로가 같은 것을 원하며 경쟁한다는 거 말이야. 인간은 행복하기 위해서 무언가를 끊임없이 욕구한다고 하잖아. 욕구하는 그것을 갖기 위해 힘으로 상대를 쓰러뜨리고, 밟고 일어선다는 거야. 다른 사람들과 동반자가 아니라 적으로 만나는 거지."

영준이의 말을 듣고 보니 그 서재에서 보던 책 내용이 생각났다.

'자연 상태에서는 예의범절도 없으며 네 땅 내 땅도 없이 소유하는 동안만 소유한다.'

그런 내용 말이다.

"나는 그 책을 읽으면서 자연 상태를 한번 상상해 봤거든. 모두

가 가질 만큼 충분하지 않은, 무언가를 서로 가지려고 싸우는 상황. 그래서 사과나무와 그걸 먼저 따려는 사람들. 그런 생각이 떠올랐어. 네가 말하는 그 꿈이랑 똑같지 뭐냐. 야, 진짜 신기하다. 우리 둘이 뭔가 통하나 봐."

영준이가 혼자 들떠서 떠들었다. 나의 악몽을 풀이하며 홉스를 생각하는 영준이의 해몽이란…….

"뭔가 통하긴 통하지. 서로의 비밀을 아는…….."

내가 채 말을 하기도 전에 영준이가 얼른 내 입을 막았다. 설마 내가 그 비밀을 얘기하겠어?

"아니, 비밀을 아는 네가 그 만인 대 만인의 투쟁인지 뭔지 좀 더 얘기해 주라고. 히히."

장난스럽게 대꾸하자 영준이가 눈썹을 짝짝이로 치켜 올리며 협박하듯 얘기했다.

"놀랐잖아, 인마! 절대! 말 안하기. 알지? 아무튼, 그 만인 대 만인의 투쟁이란 게 바로 그거야. 사람들 모두가 동반자가 아니라 적이 된다는 거. 원하는 것을 가지려면 모두와 싸워서 이기지 않으면 안 되잖아? 각각의 혼자가 모두와 말이야. 만인 대 만인의 투쟁이란 건 그런 의미야."

아하, 그런 거구나. 영준이의 얘기를 들으니 금방 이해가 됐다.

"그런데 그렇게 무서운 투쟁을 왜 계속할까? 사이좋게 나눠 갖는 뭐 그런 방법을 찾을 수도 있을 텐데."

나는 그것이 정말 궁금해서 다시 물었다.

"사람의 욕심이란 끝이 없거든. 우리도 그렇잖아. 새 신발 사면 새 게임 시디 갖고 싶고, 그거 사면 또 다른 게 갖고 싶고.

자연 상태의 사람도 똑같다는 거야. 힘으로 갖고 싶은 것을 계속 추구하면서 힘의 확보를 계속 하려고 하지. 다음의 경쟁에서도 또 이기기 위해서 말이야. 그러니 끊임없는 투쟁과 경쟁이 생길 수밖에 없는 거야. 아, 참! 그리고 홉스는 인간의 본성은 원래 악하다는 성악설을 주장하기도 했어. 그래서 인간은 본성적으로 탐욕스럽고, 이기적이기 때문에 국가가 생기기 전의 자연 상태는 '만인 대 만인의 투쟁'의 비참하고 절망적인 상황이었을 수밖에 없었다고 본거지.

그런데 홉스의 책엔 이런 말도 있더라. 자신의 생명을 보존하려는 욕망은 또한 평화도 원하게 만든다. 내가 이해하기로는, 자연 상태에서 목숨의 위협을 느낀 인간이 목숨을 지키기 위해 평화를 원한다는 뜻 같아. 그렇게 투쟁만이 계속되면 생명을 지키지 못할 사람들도 많아질 거 아냐. 그러니까 더 이상 싸우지 않고 평화로 워지면 모두가 생명을 지킬 수 있다 그런 거지."

"그래서 국가가 나온 거구나?"

갑자기 머리가 좋아진 듯 이해가 팍팍 되는 내가 얼른 아는 체를 했다. 뭐 그렇게 어려운 얘기도 아니구먼.

② 국가를 계약하다?

"그런 셈이지. 그 책에는 리바이어던이라고 나와 있던데, 그냥 국가가 아니라 절대 국가를 뜻하는 거였어. 사람들이 무섭고 불행한 자연 상태에서 벗어나기 위해 계약을 통해 인위적인 국가를 만들었다는 내용이었지."

"계약? 물건을 사거나 집을 사고 팔고 할 때 하는 그거? 그럼 국가를 계약으로 산 거야?"

계약이라는 말이 나오자 갑자기 잘 돌던 머리가 정지되는 기분이었다. 국가가 생긴다는 것과 계약이 무슨 상관이란 말이지?

"자연 상태의 사람들이 목숨 보존을 위해 평화를 택하기로 한 것이지. 그래서 평화를 유지하기 위해 강하고 절대적인 무엇이 필요해진 거지. 사람들은 자신의 모든 권리와 힘을 누군가에게 넘기기로 약속하는 거야. 넘겨받은 그 모든 힘을 가지는 절대적인 국가가 그래서 생기는 것이지. 평화를 지키기로 약속하는 것만으로는 평화가 지켜지지 않을 수도 있다는 불안이 있잖아? 계약을 해도 계약이 취소되거나 안 지켜지는 경우가 생기는 것처럼. 그래서 사람들은 자신의 권리와 힘을 왕이든 국가든 거기에 모두 넘겨주고, 자신들은 평화를 보장받는다 이거야. 절대적이고 강한 힘을 가진 그것을 리바이어던이라고 한대."

"리바이어던?"

좀 낯선 말에 내가 고개를 갸웃했다.

"원래 바다에 살던 괴물이었대. 신화에 나오는 건데, 성경에는 하느님의 힘을 보여 주려고 만든 괴물이라는 내용이 있다더라. 어쨌거나 그 강한 힘의 괴물처럼 절대적인 권력으로 사람들의 평화를 지키게 한다, 그런 거지."

괴물이 평화를 지킨다고? 평화를 위협하는 괴물을 특공대가 지키는 게 아니고?

"그런데 그게 원래 국가의 유래 맞아? 국가가 진짜 그렇게 해서 생긴 거냐고. 자연 상태라는 것도 좀 이상하다, 야. 역사적으로 그런 게 있었을까?"

꿈의 내용이 무섭기도 했지만, 사람들이 그렇게나 나빠서 서로 죽이고 죽는 시대가 있었다는 것이 믿어지지 않아 물었다.

"홉스가 말하는 자연 상태의 사람들이 실제로 역사 속에 존재했던 것은 아니야. 리바이어던은 역사 교과서가 아니거든. 리바이어던은 국가의 의미와 역할에 대해 생각하는 정치철학서야. 우리가 배운 것처럼 그 당시 영국은 중세가 끝나가는 혼란기여서 왕과 의회의 세력 다툼이 끊이질 않았어. 그래서 홉스는 두 세력을 조화시키고 평화와 안정을 유지할 수 있는 정치권력론을 구상한 거야. 이렇게 해서 등장한 것이 짜잔, 리바이어던이지. 홉스는 진정으로 국민이 행복하게 살기 위해서 어떤 길이 있는지 생각해 본 철학자였어."

영준이 녀석, 진짜 똑똑하다. 아빠가 대통령이면 원래 아들도 그 방면으로 똑똑해지는 모양이다. 그럼 나도 아빠가 수의사라서 동물의 말을 알아듣는 거야?

"영준아, 내가 생각해 봤는데 말이야. 옛날에 철학자들은 참 살기 힘들었을 것 같아. 왕을 지지하자니 시민이 불쌍하고, 시민을 지지하자니 왕이 무섭고."

똑똑한 영준이에 비해서 내가 하는 생각은 왜 이리 일차원적일까.

"네 말이 맞아. 그래서 홉스가 살던 시대뿐만 아니라 홉스의 뒤를 잇는 철학자들도 국가와 시민, 왕과 권력 등에 대해서 많이 고민을 했지. 혹시 로크나 루소라는 철학자에 대해 들어 봤니?"

일차원적인 내 생각을 지지해 준 것까진 좋았는데 홉스만으로도 벅찬 나에게 또 누구라고?

"엥? 무슨 소?"

난 괜히 못 들은 척해 버렸다.

"로크나 루소는 홉스보다 뒤에 태어난 철학자지만 홉스의 사상을 많이 발전시킨 사람들이라서 책을 보면 항상 같이 따라 나오더라. 나도 많이 알진 못하지만 말이야. 로크는 홉스와 달리 자연 상태를 자유롭고 평화로운 상태라고 보았어. 그러니까 시민은 최소한의 질서유지를 위해, 최소한의 권리를 국가에 넘겨주면 된다고 본 거지. 루소는 로크보다 한 단계 더 나아가 모든 시민은 평등하게 정치적 권력을 갖고 태어났으며, 대등한 권리를 갖고 올바른 정치를 위해 함께 노력해야 한다고 하였어. 그래서 오늘날 루소는 직접민주주의의 선구자라고 불린대. 루소는 홉스나 로크처럼 재산이 많은 사람들뿐 아니라 모든 민중을 나라의 주인인 시민으로 본 거지."

"뭐야! 그럼, 홉스보다 루소가 더 훌륭한 철학자인 거 아니야? 지금의 민주주의를 있게 한 사람이니까."

또 나왔다. 일차원적 사고.

"글쎄, 로크와 루소가 그런 사상을 펼칠 수 있었던 건 앞선 홉스의 사상이 밑바탕이 되어서 가능했던 거 아닐까? 홉스의 사상도 그 당시로서는 상당히 충격적인 내용이었을 테니까 말이야."

"오케이! 박영준 완승! 형님으로 모시겠습니다."

나는 장난스럽게 꾸벅 절을 했다. 너무 똑똑해서 좀 부담스럽지만 영준이 녀석 덕에 유명한 철학자를 셋이나 알게 되었으니 까짓 내 인생의 형님으로 모셔 준다! 하지만 기다려라 박영준! 언젠가 나의 새로운 면을 보여 줄 테니!

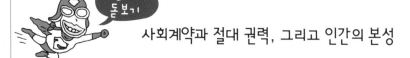

사회계약과 절대 권력, 그리고 인간의 본성

만인 대 만인의 투쟁이라는 말이 조금 낯설지요? 한마디로 말해서 모든 사람이 모든 사람과 경쟁한다는 뜻입니다.

홉스는 인간을 이기적이라고 생각했습니다. 그런 의미로 홉스가 말한 유명한 말이 있습니다. '인간의 본성에는 싸움에서의 중요한 원인 세 가지가 포함되어 있다. 그것은 경쟁, 불신, 명예이다' 라는 것이지요.

홉스가 생각하기에 인간은 처음부터 싸움에 대한 본성을 타고나는 것이었습니다. 인간의 본성에는 경쟁심이 있기 때문에 좋은 것을 가지려고 싸움을 하며, 불신의 마음이 있기 때문에 나 자신의 안전을 위한 싸움을 하며, 명예를 지키려는 본성 때문에 좋은 평을 듣기 위해 싸움을 한다고 보았던 것이지요.

홉스는 나 자신만을 생각하는 이기적 본성 때문에 인간은 싸울 수밖에 없다고 했습니다. 그것이 자연 상태에서의 인간이랍니다. 인석이의 꿈에서처럼, 나무 열매를 따기 위한 투쟁이 사람들의 모습입니다. 사람들은 저마다의 이익을 위해서 남을 이겨야 하지요.

지금도 우리의 생활에 이런 일은 흔합니다. 예를 들면, 요즘엔 집집마다 자동차가 있지요? 자동차가 많아지다 보니 주차의 문제가 곤란해졌습니다. 모두 자신의 집 앞에 자동차를 세워 두고 싶어 합니다. 좁은 공간에 모든 차를 둘 수는 없기에 서로 자신의 차를 편한 곳에 주차하기 위해 시비가 생기곤 합니다. 자기만 편하자고 다른 사람에게 피해를 주는 곳에 차를 둔다면 사람들 사이에는 싸움이 벌어지겠지요? 여러분도 이런 싸움을 본 적이 있을 것입니다.

그렇다면 이런 싸움을 어떻게 해결할까요? 바로 이럴 때 국가의 개입이 필요해집니다. 주차를 단속하는 요원이 주차 위반 스티커를 붙이거나, 벌금을 내도록 하는 것이 그 해결이겠지요. 또 주차 문제를 해소하기 위한 법을 새로 만들기도 합니다.

홉스는 인간은 원래 이렇게 이기적이기에 함께 살기 위한 어떤 방법이 필요하다고 보았습니다. 사회계약과 절대 권력을 생각한 것이 그런 이유지요.

리바이어던이 나타나다

신이 자연을 지배하며 인간을 지배한다. 국가는 자연에 의하여 인간을 본떠 만들어 낸 인조인간이다.

— 홉스 —

엄마 아빠와 TV를 보고 있는데, 엄청난 사건이 생겼어.
글쎄, 한강에 괴물이 나타났다는 거야! 분명히 뉴스에 나왔다니까. 그래서 동물의 말소리를 알아듣는 나, 인석이가 활약하게 되었단 말이지.
도대체 첨단 21세기에 무슨 괴물이었을까? 궁금하지?

① 괴, 괴물이다!

한가한 일요일 저녁, 우리 세 식구는 마루에 앉아 과일을 깎아 먹고 있었다.

형제가 아무도 없어 가끔은 쓸쓸하지만 아빠의 동물 병원이 가까이 있어 자주 아빠와 놀 수 있고, 엄마랑 이런저런 이야기하는 것도 재미있어서 그다지 외롭지는 않다. 무슨 남자 아이가 그렇게 수다스러운지 모르겠다고 핀잔을 주시기도 하지만, 엄마도 딸처럼 말이 잘 통하는 아들이 있어서 분명히 좋으실 거다. 하지만 지

금이라도 엄마가 동생을 하나 낳아 주시면 좋겠다. 이왕이면 남동생으로. 얼른 키워서 내 심부름 시키게 말이다. 히히히.

어쩌다 동생 타령하면 엄마는 이 나이에 무슨 아기를 낳느냐고 펄쩍 뛰시고, 아빠는 저렇게 많은 네 동생들이 있는데도 그러냐고 하시면서 개들을 가리키신다. 흥, 개가 무슨 동생이람?

저 녀석들은 내 험담을 자주 한단 말이다. 심술꾸러기라는 둥, 잘 놀아 주지도 않는다는 둥, 옆집의 주인이 훨씬 낫다는 둥 하면서. 그런 녀석들을 어떻게 내 동생으로 삼으라고.

말소리가 들리니 오히려 전보다 개들을 더 멀리하게 된다. 어릴 땐 개들과 뒹굴고 잘 놀았지만, 이젠 녀석들의 투덜대는 말이 들려 일부러 가까이 가지 않는다. 아, 이 무슨 형벌인가.

그래도 다행인 것은 쥐나 바퀴벌레의 말소리는 들리지 않는다는 것이다. 고양이와 개들의 소리 외에 그 밖의 동물들이나 곤충들의 소리까지는 못 알아듣는다. 정말 다행이다. 평생 온갖 짐승들의 대화를 귀로 들어야 할지 모른다는 공포에 시달렸는데, 뭐 아직 그렇게까지 되진 않았으니까 말이다.

소파에 드러누워 엄마 아빠가 제일 좋아하는 뉴스 프로그램을 보고 있는데 반가운 얼굴이 뉴스에 나왔다.

"박기호 대통령은 오늘······."

뉴스에 영준이 아빠가 나오셨다. 무슨 국제회의에 참석했다는 보도였는데, 그건 중요한 게 아니고 내가 저 대통령을 직접 만나 보았다는 말씀!

"어, 박기호 대통령이네."

내가 반가움에 아는 체를 하자 엄마와 아빠가 얼굴을 마주 보다가 나를 쳐다봤다.

"왜, 너랑 친하기라도 하니?"

엄마가 놀리듯이 말씀하시자 아빠가 웃으셨다.

나는 당장 대통령이 영준이의 아빠이며, 청와대를 가서 저 분을 직접 봤다고 자랑하고 싶었지만 영준이와의 약속 때문에 참았다. 아마 사실을 알면 엄마 아빠는 당장 함께 가 보자고 앞장서실걸.

"그냥, 저도 사회, 정치에 관심 좀 가지려고요. 하하."

나는 과장된 웃음으로 얼버무렸다. 아유, 입이 근질거린다. 말하고 싶다, 말하고 싶다.

이래서 비밀을 간직한다는 건 어려운 것이다. 남의 비밀은 누군가에게 말해 주고 싶은 유혹이 항상 생긴다니까. 나도 대나무 숲에 가서 큰 소리로 말해 버릴까?

'임금님 아들은 영준이…….'

히히, 생각하니까 우습네.

그때 갑자기 뉴스의 화면이 달라졌다. 그리고 커다란 글씨로 '뉴스속보'라는 자막이 나왔다. 우리는 동시에 화면을 쳐다봤다.

"속봅니다. 조금 전 6시경에 한강 둔치에서 정체모를 괴물을 보았다는 제보가 있어 급히 취재기자가 현장으로 가 봤습니다. 21세기에 괴물이라니, 믿을 수가 없는데요, 현장의 취재 기자 연결해 보죠. 김동욱 기자!"

아나운서가 흥분된 억양으로 속보를 전하고는 기자를 연결했다. 우리 세 식구는 휘둥그레진 눈으로 화면을 더 가까이 들여다봤다.

"네! 김동욱입니다. 조금 전 6시쯤 종류를 알 수 없는 커다란 동물이 한강에 떠다니는 것을 예순 살 황모 씨가 발견하고 제보했습니다. 이후로도 괴물의 출현을 알리는 제보 전화가 빗발쳐 한때 방송국의 전화가 마비되기도 했습니다. 당시의 괴물 형체를 제보자 이모 씨가 찍은 캠코더 화면으로 보시겠습니다."

그러고는 거친 화면에 무언가 움직이는 모습이 보였다. 물 위로 나와 있는 목과 몸통이 그냥 보기에도 보통 큰 것이 아닌 것 같았다. 공룡 같기도 하고. 아무튼 이제껏 보던 어떤 동물의 모습이 아닌 건 분명했다.

"그때 이후로 아직 모습을 드러내진 않고 있습니다만, 정체불명의 생물이 있는 것은 확실한 것 같습니다."

앗! 기자가 말하는 동안 화면 뒤쪽으로 그 괴물이 보였다. 저거야, 저거!

카메라가 멀리 있는 괴물을 좀 더 가까이 당겨서 찍었다. 머리는 몸집에 비해서 무척 작은 것 같았다. 불안해하는 듯한 눈빛으로 주변을 둘러보면서 물 밖으로 나오지는 않는 모습이었다. 괴물이라지만 왠지 가여운 생각이 들었다.

"네! 저기, 저기 보이십니까? 괴생물체가 정체를 드러내고 있습니다! 몸의 윗부분만 나와 있어서 정확한 것은 알 수 없지만, 코끼리의 몇 배는 되는 몸집인 것 같습니다. 처음 보는 이 생물체의 종류는 무엇인지, 이런 생물체가 한강에 어떻게 나타났는지, 시민들은 궁금한 점이 한두 가지가 아닐 것입니다. 한시라도 빨리 전문가를 소집해 의문을 풀어 가는 것이 급선무인 것 같습니다. 지금까지 한강에서 김동욱이었습니다!"

기자가 떨리고 흥분된 목소리로 소식을 전하고는 서서히 움직이고 있는 괴물의 모습을 비춰 주면서 속보는 끝이 났다.

"아빠, 저런 생물종은 뭐예요? 아빠도 처음 보는 거죠?"

뉴스가 끝나자마자 나도 흥분된 목소리로 아빠에게 물었다. 동물박사니까 아시겠지?

"글쎄다. 아빠도 저런 건 처음 보는구나. 공룡은 이미 멸종했으니까 공룡이 나타날 리는 없고. 코끼리가 아무리 커도 저렇게까지 커질 수는 없고……. 아무래도 모르겠는걸. 분명 처음 보는 생물체야. 놀라운 일인 건 확실하다. 어쩌면 환경의 변화로 생겨난 돌연변이일 수도 있겠지. 어쨌든 한번 직접 보고 싶은걸."

"아유, 뭐가 됐든 너무 끔찍해요. 한강에 저런 것이 살고 있다면 한강 공원엔들 갈 수 있겠어요? 언제 나타나서 공격할 지도 모르는데."

동물 박사로서 흥미를 보이는 아빠와는 달리 엄마는 인상을 찌푸리며 꺼려하는 얼굴이었다.

뉴스에서 나온 대로 21세기에 저렇게 커다란 괴물이라니. 궁금함이 커졌다. 혹시 그 큰 몸으로 한강에서 나와 도시를 걸어 다니기라도 하면? 영화에서처럼 차를 짓밟고 입에서 불을 뿜어내기라도 하면? 갑자기 무서운 생각이 들었다.

② 괴물의 정체는?

 학교에 가니 난리였다. 어제 뉴스에서 본 괴물 얘기로 말이다. 아이들은 자기가 알고 있는 만화의 괴물들과 비슷하다며 제각기 주장을 폈다.

 "내 생각에 모사사우루스의 변종인 것 같아. 모사사우루스는 바다도마뱀룡이니까 물속에 있다가 알에서 깨어난 것 아닐까?"

 "한강은 강물인데 어떻게 바다도마뱀이 사냐?"

 "아니, 공룡은 아닌 것 같아. 내 게임 시디에 있는 키에롭투스랑

비슷하게 생겼던걸. 키에롭투스는 코끼리도 잡아먹을 정도로 사나운 짐승인데 바다에 산대."

"혹시 그거 둘리 아닐까? 엄마 찾아 온 둘리 말이야."

"둘리 치고는 너무 크잖아."

"그럼 둘리 엄마겠지. 하하하."

"내 친구 둘리는 귀여운 아기 공룡, 호이! 호이! 둘리는 초능력 내 친구!"

심각했던 분위기가 갑자기 바뀌면서, 아이들은 만화 주제곡을 부르며 재미있어했다.

둘리 정도라면 다행이지만 정말 사람들을 해치는 사나운 괴물이기라도 하면 어쩌지?

그때 영준이가 들어왔다. 나는 얼른 옆 자리에 앉은 영준이에게 말을 걸었다.

"너도 그거 봤지?"

"그 괴물 말이야? 그러잖아도 우리 집 난리야. 어떻게 해야 할지 아빠가 고민이 많으신가 봐. 아저씨들이 수시로 드나들더라. 이런 일은 처음이라 집안 분위기가 어수선해."

"그렇겠다. 우리 아빠도 그런 건 처음 본대. 그런데 설마, 그 괴물이 우리를 어떻게 하지는 않겠지?"

"아마 그럴 거야. 처음 발견된 뒤로 누굴 공격하거나 물 밖으로 나오고 있지는 않다나 봐. 성질이 사나운 괴물은 아닌 것 같아."

한편으로 다행이란 생각을 하면서 영준이와 나는 진지하게 얘기를 나눴다. 내가 맡은 임무가 아닌데도 내가 괜히 걱정스러워진다. 영준이 아빠는 또 얼마나 신경이 쓰이실까.

괴물 사건 때문에 그날 수업은 제대로 하지도 못했다. 다른 반들도 마찬가지였을 뿐 아니라, 온 동네가 다 술렁였다. 엄마들도 모이기만 하면 그 얘기였다. 아무튼 올해 들어, 아니 내가 살았던 평생 동안 가장 큰 사건인 건 분명하다.

학교가 끝나고 집으로 돌아와서도 내내 괴물 생각뿐이었다. 개들은 사람들이 그렇게 괴물에 대해 떠드는데 그 소식을 아는지 모르는지, 여전히 사료 얘기만 하고 있었다. 너무 오래 먹어서 맛이 질린다느니, 이제 고기 좀 먹어 보고 싶다느니 하면서 먹는 궁리만 하고 있다. 나라에 이렇게 심각한 일이 벌어졌는데 말이다.

저녁 식사 후에는 모두 텔레비전 앞에 모였다. 역시 뉴스에서는 괴생물체에 대한 소식을 가장 먼저 전했다.

"어제 한강에 처음으로 나타난 괴생물체의 정체는 아직 밝혀지지 않고 있습니다. 동물학자와 공룡 전문가, 고생물학자까지 모두 모여 머리를 맞댔으나 정확한 결론을 내리지 못하고 여러 가지 추측만을 내놓고 있는 상태입니다. 현재 괴생물체가 어떤 상태로 있는지 현장을 연결해 보겠습니다. 김동욱 기자!"

"네! 김동욱입니다. 지금 화면으로 보고 계신 것처럼 괴생물체는 이렇다 할 움직임을 보이지 않은 채 여전히 한강을 떠다니고 있습니다. 물 밖으로 나오지 않고 있어서 전체의 크기는 알 수 없지만 학자들의 여러 의견을 종합해 본 결과, 몸길이가 아파트 5층 높이에 달하고, 몸무게는 40톤에 이를 것으로 추측하고 있습니다. 만약 이 괴생물체가 물 밖으로 이동할 경우, 도로의 파손은 물론이고, 건물의 붕괴와 인명 피해도 생길 것으로 예상됩니다. 다행히 공격적인 성향을 보이지 않아 성질이 온순한 초식동물이 아니겠냐는 의견도 나오고 있습니다만, 그럴 경우 어떻게 저렇게 커다란 덩치를 유지할 수 있겠냐는 반론도 제기되고 있습니다. 지금 현장에는 만일의 사태에 대비해 경찰 병력을 배치하고 시민의 접근을 막는 등 안전을 위한 조치를 취하고 있는 상태입니다. 당국은 혹시나 있을지 모르는 위험 사태를 대비해 구경을 하려는 시민들에게 자제해 줄 것을 당부하고 있습니다. 현장에서 김동욱이었습니다."

한강에서 운동하고 산책하던 사람들의 발길도 뚝 끊겼나 보다. 화면에 사람이 하나도 보이지 않는 것을 보면 말이다. 엄마랑 아빠랑 자주 찾던 공원이었는데, 무슨 해결책이 생기기 전엔 나가지도 못하게 생겼다.

"빨리 무슨 방법을 찾던가 해야지, 불안해서 살겠어요?"

엄마가 걱정하는 목소리로 말씀하셨다. 아빠 때문에 어쩔 수 없이 작은 동물들과 겨우 친해진 엄마로서는 저렇게 커다란 생물까지는 받아들이지 못하시는 게 당연하다.

"아무래도 환경의 영향인 것 같아. 몇 년 전에 한강에 알 수 없는 생물체가 생겼다는 보도가 있었잖아? 수초 같은 데 붙어사는데 무슨 스티로폼 부스러기 같이 생겼던 그거 말이야. 환경이 변하니까 전에 없던 이상한 생물들이 생겨나는 거겠지. 걱정이야."

엄마는 어서 빨리 저 괴물이 사라지기를 바라셨고, 아빠는 오염된 환경 걱정을 하고 계셨다. 두 분의 생각이 저렇게 다르다니까.

그때 전화벨이 울렸다. 영준이의 전화였다.

"인석아. 방금 뉴스 봤지? 우리 아빠랑 같이 보다가 갑자기 생각나서 네 얘기를 말씀드렸거든. 네가 동물들 말을 들을 줄 안다는

거 말이야. 네가 그 괴물하고 대화를 시도해 보면 어떨까, 그런 생각이 들었어. 만약 말을 알아들을 수 있으면 어떻게, 왜 여기에 나타났는지 알 수 있을 테니까. 아빠도 네 초능력이 사실이면 당장 그렇게 해 보래. 어때?"

갑작스런 제안에 당황스러웠다. 아직 부모님도 모르시는 비밀인데, 게다가 개 소리 정도나 들을 수 있는 내가 공룡만한 괴물의 말을 들을 수 있을지 그것도 걱정이 되었다.

"글쎄, 내가 무엇을 할 수 있을지 자신은 없어. 또 그 괴물이 사람 말을 알아들을지도 모르겠고. 묻는 말을 알아들어야 대답도 해 줄 거 아냐?"

"그러지 말고. 지금으로선 괴물에 대해 알아낼 수 있는 게 아무 것도 없는데, 되든 안 되든 밑져야 본전이잖아? 내일 한강에 같이 가 보자. 아빠가 허락하셨으니까 경찰도 우리를 막지는 않을 거야. 내일! 내일이다, 꼭!"

생각할 겨를도 없이 약속을 일방적으로 잡고는 영준이 전화를 끊었다. 얼떨떨했다. 괴물과의 대화 시도라……. 쓸데없는 개 소리나 듣던 내 귀가 괴물의 말도 들어 줄까? 괴물이 내 말을 알아들을까?

통화 내용을 궁금해하는 부모님께 대충 둘러대고 내 방으로 올라왔다. 아직 확실한 것도 아닌데 말을 꺼냈다가 엄마 아빠를 걱정시켜 드리고 싶지 않아서였다.

침대에 누웠지만 잠이 오지 않았다. 일단 누구를 해치는 괴물은 아닌 것이 확실하다고 하니 그것이 겁나는 것은 아니지만 내가 그렇게 큰일을 할 수 있을지 스스로에게 자신이 생기지 않아서였다. 그렇지만 만약 대화가 가능하기만 하다면, 괴물의 정체도 밝히고, 나도 유명해지고, 그럼 모든 텔레비전, 신문에서 나를 취재하러 오겠지? 내 얼굴이 텔레비전에도 나오고, 우와! 스타가 되는 거야!

생각이 거기까지 미치자 괜히 웃음이 나와서 이불을 뒤집어썼다. 너무 앞서 가는 상상이야.

③ 괴물이 말하는 인간의 본질

약속대로 수업이 끝난 오후, 영준이와 나는 한강으로 향했다. 그냥 한번 시도해 보는 일이기 때문에 모두에게 비밀이었다. 괜히 기자들이라도 몰려온다면, 잘 안 될 경우 무슨 망신이겠어? 철저히 우리들만 아는 일이어야 한다. 참, 또 한 사람, 영준이 아빠도 알고 계시지.

미리 연락을 받았는지 경찰 아저씨들이 괴물 근처에까지 안전하게 동행해 주셨다. 가까이 가서 보니 텔레비전에서 보던 것보다 훨씬, 훨씬 컸다. 살갗은 도마뱀 가죽 같고, 공상 영화에 나오는 괴물이나 공룡 비슷하게 보였다. 그렇지만 그렇게 무시무시한 기분은 들지 않았다.

　괴물이 크르릉 소리를 냈다. 내 귀에도 크르릉으로밖에 들리지 않는다. 소리도 엄청 컸다. 귀청이 찢어질 지경이다. 이거 아무래도 실패하는 거 아닐까? 그렇지만 우리나라의 운명이 달린 일! 자, 다시 한 번 귀를 쫑긋 세워 자세히 들어 보자.

　또 다시 괴물이 크르릉 소리를 냈다. 어! 그런데 이번에는 크르릉, 소리 안에 무언가 말이 들린다.

　'여긴 어디지?'

　이런 말인 것 같은데……. 다시 한번!

　'크르릉, 크릉 크릉, 쿠아아아.'

　영준이가 옆에서 코 고는 소리 같다고 했다. 나는 입에 손가락을 대며 쉿 조용히 시켰다.

　'여기는 어디냐고. 왜 여기에 있는 거지?'

　분명히 이런 말이다! 아! 소리가 들리기 시작한다! 크릉 대는 소리 안에 말이 들린단 말이다. 아, 난 대단해!

　'쿠아아아.'

왜 여기 있느냐는 말을 자꾸 반복하는 것 같다. 괴물 자신도 아마 여기 왜 있게 되었는지 모르는 모양이다. 자기도 모르게 물을 따라 흘러온 것인가?

대화를 한 번 시도해 보기로 했다.

"우리는 너를 해치려고 온 게 아니야. 대화를 해 보고 싶어서 왔어. 네가 누군지, 왜 여기에 나타났는지 알고 싶어서."

목청 높여 최대한 큰 소리로 물어보았다. 괴물은 별 반응을 보이지 않다가 눈을 끔뻑이며 우리를 쳐다봤다.

"내 말을 알아듣지 못하니? 여기가 어디냐고, 네가 하는 말을 나는 들었는데."

순간 괴물이 놀란 표정을 지었다. 괴물이 표정을 짓다니? 어쨌거나 내 눈엔 그렇게 보였다.

"쿠앙, 크르르, 쿠우우."

다른 사람 귀에는 여전히 괴물이 코 고는 것으로만 들리겠지만 내 귀엔 들린다. 내 말을 알아들었다는 저 대답이!

"내 말이 들렸느냐? 오호, 놀랍도다. 이제야 내 답답함도 풀리겠구나. 지금이 언제고, 여기가 어디냐?"

괴물이 말한다. 도리어 괴물이 궁금한 것이 더 많았나 보다.

"지금은 2006년, 여기는 대한민국이고, 네가 있는 물은 한강이야. 며칠 전에 네가 갑자기 나타났지. 우리는 모두 네가 누구인지 궁금해."

내가 대답해 주자 괴물은 이제 알았다는 듯 고개를 끄덕이더니 말을 시작했다.

"그랬군. 내가 사백 년이 넘게 잠들어 있었던 것이었어.

나는 리바이어던이다. 나를 만든 것은 홉스지. 사백 년이 지났으니 아, 홉스 할아버지는 지금 없겠구나."

리바이어던이라고? 그 바다 속 괴물의 이름이었다는 리바이어던 말이야?

놀란 내가 영준이에게 얼른 그 말을 전했다. 영준이도 깜짝 놀라며 괴물을 다시 쳐다보았다. 그게 그럼 상상의 동물이 아니었단 말인가?

"홉스가 1651년에 쓴 책의 제목이 리바이어던 아니야? 엄청난 힘을 가졌다는 괴물의 이름을 따서 붙인 제목이라는데. 그게 진짜 괴물일 줄은 몰랐어."

도대체 뭐가 뭔지 알 수가 없어서 괴물에게 물었다.

"그래. 나는 원래 책 제목이었지. 홉스 할아버지가 애정을 가지고 책을 만들면서, 그 책은 점점 모습을 갖추기 시작했다. 진짜 괴물 리바이어던의 모습으로 말이다. 지금의 내가 그 책이지. 책이자 괴물, 리바이어던!"

점점 더 모르겠다. 책이 괴물이 되다니? 홉스가 마법사라도 되는 거야?

"홉스 할아버지가 처음 책을 만들 때, 나와 같이 강한 권한을 가진 무엇을 상상했지. 그 열망이 너무 커서인지 이렇게 괴물의 모습을 갖게 되었다. 왜 홉스 할아버지가 괴물을 원했는지 너는 아느냐?"

그 말을 듣자마자 얼른 생각이 떠올랐다.

"사람들의 평화! 그거 아니야?"

영준이와 얘기를 나눴던 것이 도움이 되었다. 미리 공부해 둔 것이 이렇게 긴요할 줄이야.

"오, 이 녀석 제법 똑똑하군."

"오인석이 아니라, 이인석이야, 내 이름은!"

어느새 긴장도 풀려 괴물에게 농담을 할 정도가 되었다.

"네가 맞힌 대로 홉스 할아버지는 조국의 평화를 간절히 원했다. 평화롭고 행복한 사회가 되기 위한 연구를 많이 했지. 사람들이 끊임없이 권력을 욕망하고, 또 다른 무엇을 욕망하고, 그러면서 서로 대립하고 싸우는 모습들을 보면서 나를 생각하게 된 것이다. 사람들의 모습에서 홉스 할아버지는 인간의 본질을 본 것이지. 홉스 할아버지는 쾌락은 선이고 고통은 악이라고 생각했다. 그런데 쾌락이나 고통의 기준은 사람마다 다르고, 때와 장소에 따라서도 달라서 서로가 자신의 선을 추구하기 위해 경쟁할 수밖에 없다는 거지. 그러한 경쟁에서 이기기 위해서는 힘을 가져야겠지? 원하는 대상에 이를 수 있는 수단이 힘인 것이다. 그런데 이 힘은 끊임이 없다. 홉스 할아버지는 세계를 운동하는 물질로 이해했는데, 운동이란 끊임이 없다는 것이 그의 생각이었다. 옛날 플라톤 같은 철학자는 모든 물질이 본래 있는 자신의 원형에 도달하고자 움직인다고 했다. 그렇지만 홉스는 어쩔 수 없는 장애에 부딪치지만 않는다면 물질은 운동을 계속한다고 했지. 내가 생겨난 그 당시에 과학적으로 물질의 운동과 법칙이 많이 밝혀지고 있었는데 홉스는 그 과학적 결과를 철학에 끌어온 것이었다. 그래서 물질은 어딘가로 향했다가 스스로 정지하는 것이 아니라, 계속적으로 운동하려는 성질을 가졌다고 믿었다."

 원래 책이었다고 하더니 유식한 말을 잘도 하는군. 플라톤의 이

데아 얘기는 알고 있다. 모든 것에는 원형이 있어서 그것의 복사물이 우리 눈에 보이는 것이라는 것 말이다. 모든 것은 본래의 이데아에 다가가도록 애써야 하며, 그것에 도달할 때 참다운 것이 된다는 것으로 기억하는데 '도달'이라는 것이 운동의 끝이 있다는 뜻인 것 같다. 그런데 그게 잘못된 생각이었다고?

"왜 물질은 운동을 계속한다는 거지? 멈추는 것도 있잖아. 굴러가던 사과라든지, 돌아가던 팽이 그런 거."

"사과나 팽이가 스스로 멈췄을까? 땅과의 마찰력 때문이지. 땅과 마찰을 일으키지 않았다면 멈추지 않았을 것이다. 운동을 계속하지 못하도록 하는 저항에 부딪쳐 어쩔 수 없이 멈춘 것이지."

"그럼, 운동은 멈추지 않는다는 것과 투쟁하는 인간이라는 게 무슨 상관이 있는데?"

괴물이 바로 그 이야기가 하고 싶었다는 듯 반갑게 대답했다.

"중요한 얘기가 그것이다. 세계는 운동하는 물질로 이루어졌다는 면에서 힘도 그렇다고 했지? 힘도 운동이기에 끊임없이 앞으로 나아간다. 힘을 추구하는 사람들의 욕구는 무한하다는 말이지. 힘으로 무언가를 얻으려 할 때 우리는 그것을 얻자마자 또 다른 것을 원하게 된다. 더 힘을 키워 다른 것을 채우면 또 다른 것을 욕망한다. 그럼 왜 사람들은 계속 힘을 키우려고만 할까? 그것은 미래를 위해서다. 오늘 가진 힘이 내일도 있을 것이란 보장은 없다. 내일 필요한 힘은 더 큰 것이어야 한다. 또한 힘은 절대적이 아니라 상대적이다. 남보다 더 많이 가져야 하기 때문에 늘 남과 비교해서 더 가지려고 하지. 남보다 적게 가지면 지는 것이니까. 남이 가지면 나는 갖지 못한다. 내가 이기든, 남이 이기든, 둘 중 하나다. 그렇기에 인간은 끊임없는 경쟁 상태에 있게 되는 것이란 말이다."

4 만인 대 만인의 투쟁을 넘어서

괴물의 말을 들으니 알 것 같았다. 우리도 교실에서 1등부터 꼴등까지 등수를 매기는데 서로 점수를 더 받으려고 경쟁을 하고, 선생님의 관심을 더 받으려고 경쟁을 하고, 맛있는 먹을거리가 있으면 또 경쟁을 하고……. 나도 경쟁의 시대에 살고 있단 말이지.

"그게 그러니까 만인 대 만인의 투쟁, 그거 아니야?"

좀 아는 체를 했더니 괴물이 좋아서 웃는다. 표정도 있고, 웃기까지 하는 괴물이라니, 참 신기하군.

"홉스 할아버지가 뜻 없이 나를 만들진 않았군. 알아주는 사람이 다 있으니 말이야. 바로 맞혔다. 만인 대 만인의 투쟁. 인간은 끊임없이 욕망에서 욕망으로 나가며, 보다 더 큰 힘의 확보를 추구한다고 했지. 그것은 곧 인간이 자기 보존의 욕구에 따라 오늘보다 더 큰 내일의 힘을 확보하려는 것이고, 내일 다가올 경쟁에서 내 힘을 빼앗기지 않기를, 패하지 않기를, 내가 남을 지배할 수 있기를 원한다는 뜻이다. 인간은 운명적으로 남의 패배를 딛고 승자가 될 수밖에 없다. 본질적으로 비사회적이고 이기적인 인간이기에, 서로가 적으로 싸움터에서 마주 서는 것이지. 만인 대 만인의 투쟁……, 참 슬픈 일이지."

쓸쓸한 얼굴로 괴물이 말했다.

"네 말을 들으니 나도 슬퍼진다. 사람은 그렇게 살 수밖에 없는 거야? 무슨 방법이 있지 않을까? 아, 사회계약! 그런 얘기를 들은 것 같아."

영준이가 말해 주던 리바이어던, 그 얘기가 생각났다.

"홉스 할아버지가 생각해 낸 것이 바로 그것이다. 이렇게 서로를 싸움의 대상으로만 여기다가 마침내는 우리의 목숨까지 위태로워질 수 있겠지? 다행히 인간은 이성을 가졌다. 이성적으로 생각하기에, 모두의 안전을 얻고 목숨을 지키기 위해 다른 방법이 필요하다고 판단할 수 있다는 것이다. 그래서 홉스 할아버지가 탄생시킨 것이 바로 나, 리바이어던이다."

괴물, 아니 리바이어던이 의미심장하게 말했다.

"사람들은 자기의 모든 힘과 권력을 내놓는다, 그것을 넘겨받는 무엇인가는 사람들의 안전을 지켜 주기로 약속 한다, 그것이 사회계약이지. 그 무엇이란 것은 국가일 수도 있고, 개인일 수도 있고, 왕일 수도 있다."

"계약은 언제든 깨질 수 있어서 강력한 힘이 필요하다던데."

나는 다시 영준이에게 주워들은 말이 생각나 괴물에게 물었다.

"그렇지. 사람들이 힘을 넘겨주고도 다시 계약을 깨고 마음대로 할 수도 있겠지? 그러면 안전은 보장되지 못할 것이다. 목숨을 지키기 위해 그런 계약을 하는데, 계약이 제대로 지켜지지 않는다면 의미가 없겠지. 하나마나한 약속이 될 테니까 말이다. 또 다시 만인의 투쟁 상태로 되돌아갈 수도 있을 것이다. 그래서 홉스는, 권리를 위임받은 주권자가 계약자인 국민들의 권리 위에 서서 그들을 제한하고 구속하는 힘, 괴물이나 거인과도 같은 힘을 지녀야한다고 했다. 리바이어던, 바로 나처럼 강한 힘 말이다."

"그래서 주권자가 그런 힘으로 지켜야 할 것이 평화란 말이야?"

"그래. 내가 지켜 주어야 할 최고의 것은 평화다. 각자의 자기 보존의 원리가 지켜지도록 해야 한단 말이다. 어느 누구도 힘에 의해서 남의 권리를 침해하지 않는 것, 남에게 침해받지 않는 것, 그 것을 지켜야 한다. 모든 사람이 도덕적 이념이나 양심을 가지고 지켜 준다면 좋겠지만 그것만으로는 강제성이 없기 때문에 어느 누구보다 강한 국가의 힘이 필요한 것이지."

아, 참! 리바이어던의 얘기를 다 듣다 보니 처음에 궁금하던 것이 이제야 생각났다. 여기 왜 오게 되었는지, 그걸 물어보려고 내가 온 거였지.

"그럼 홉스 할아버지가 너를 만들었던 때인 17세기를 지켜 줬어야지 왜 지금에야 나타난 거야? 네 할 일을 그때 하지 않고."

"나도 진정 그러고 싶었다. 홉스가 그토록 조국을 사랑해서 평화롭고 안정된 나라가 되도록 애썼는데. 나를 만들면서까지 평화에 호소했는데……."

괴물이 덩치에 맞지 않게 눈물을 글썽이며 목이 메는지 말을 잠깐 쉬었다.

"당시 사람들은 나를 달가워하지 않았다. 그 시대에 홉스 할아버지는 나라가 폭동이나 전쟁에 휩싸이는 것보다는 왕에게 복종하여 평화를 얻는 편이 덜 불행할 것이라고 생각했지만 국민들은 절대 권력을 옹호하려는 것이라고 비난했고, 왕만큼이나 힘 있는 세력이었던 종교계에서는 도덕과 신앙을 배격하는 무신론자라고 비난하고……. 하지만 당시의 정치적 상황에 대해 알게 된다면 그렇게 말할 수만은 없을 거다. 홉스 할아버지 시대의 정치는 시민이 아닌 신, 즉 종교인과 극소수의 귀족과 왕이 통치하던 시절이었다. 형식적인 법은 있었지만 무용지물이었고, 왕과 귀족, 종교인들의 무자비한 정치로 시민들은 고통을 받았다. 그래서 홉스는 처음으로 시민들 중에서도 돈 많은 사업가나 상류층에 의한 법의 제정을 통한 정치를 주장했다. 이것이 홉스의 한계이기는 하지만 그 당시로는 처음으로 왕의 무자비한 정치에 대해 제한을 하고 시민에게 주권을 넘겨 줄 것을 이야기한 것이어서 아주 획기적인 일이었지."

"나라의 주권이 시민에게 있는 것! 그걸 민주주의라고 해. 우리나라도 민주주의 국가야. 아, 말꼬리 잘라서 미안. 얘기 계속해."

나는 또 배운 내용이 나오자 반가운 마음에 아는 체를 했다. 괴물이 다시 말을 이었다.

"나를 두고 열띤 논쟁도 벌였지만 결국 나를 써 주진 않았다. 환영을 받는 대신 이리저리 피해 살아야 했던 홉스 할아버지도 안됐지만, 내 처지도 좋진 않았지. 강력한 힘을 의미하는 내 이름은 빛을 잃고 힘은커녕, 사랑도 크게 받지 못했다. 으흐흑."

리바이어던이 마침내는 울음까지 터뜨렸다. 커다란 괴물이 울고 있는 모습이라니. 어떻게 위로해 주어야 할지 몰라 그저 보고 있다가 내가 한마디 해 주었다.

"네가 왜 사랑을 못 받니? 지금 우리나라, 아니 세계적으로 홉스의 리바이어던이 얼마나 관심을 얻는데. 그렇게 오래 지났어도 여전히 고전으로 읽힌다고. 도서관마다 없는 곳이 없고, 리바이어던 하면 웬만한 사람들은 다 알아. 얼마나 유명한데."

괴물이 내 말을 듣자마자 울음을 뚝 그치고 미소를 짓는다.

"정말? 정말인가? 으하하하. 태어난 보람이 없진 않구나. 그렇게 말해 주니 고맙다."

"네 덕분에 나도 많은 걸 알게 돼서 도리어 고마운걸 뭐. 그나저나 왜 지금 나타났냐고, 그걸 대답 안 했잖아!"

"아 참참, 말을 안 했군. 그러니까 말이지. 태어난 그해 홉스의 열정 어린 창작에도 불구하고 큰 사랑을 못 받던 나는 실망해서

물속으로 들어가 버렸던 것이다. 나를 알아주지 않는 세상을 원망하면서. 그러고는 잠이 들었지. 나는 잠깐 자고 일어난 것 같은데……. 지금이 21세기라고? 그래, 4세기가 흐른 것이군. 잠에서 깨어나기도 했고, 지금쯤이면 세상이 나를 알아봐 줄까 싶어서 물 밖으로 나와 본 것이지. 여기가 영국인 줄 알았어. 영국인데 어떻게 이렇게 달라졌을까 놀라고 있었지. 내가 태어난 시대에는 마차가 다녔고 지금처럼 전기도 없었거든."

놀랄 만도 했겠다. 우리 할머니 할아버지도 옛날에 사시던 때와 너무 달라졌다고 말씀하시면서, 새로 나온 전자제품만 보시면 깜짝 놀라시곤 하는데, 백 년도 아닌 사백 년을 건너뛰었으니. 사백 년 전이라……. 외국 영화에서나 보던 그런 모습이었을까?

"그런데 어쩌다 영국이 아니라 한국에 오게 된 거야? 네가 잠든 곳은 영국이라면서."

"나도 그걸 모르겠다. 나 자신도 놀랐는걸 뭐. 내 생각엔 아마 물속에서 잠들어 있는 동안 몸이 물을 따라 흘러 다닌 것 같아. 그러다 마침내 여기까지 이르게 된 거겠지. 처음에 물 밖으로 나와서는 정신이 하나도 없었다. 집들이 엄청나게 높아진 데다 무슨 바퀴 달린 것들이 쌩쌩 지나는데 마차는 봤어도 그런 건 처음이었지."

괴물이 아직도 신기하다는 듯 갸웃거렸다. 이제는 내가 이야기할 차례인가 보다.

"아, 그거. 자동차라고 하는 거야. 처음에 만들어진 자동차는 엄청 느렸다면서. 지금은 보통 차도 시속 160킬로미터는 넘어. 한강이라 차를 많이 봤겠구나. 요즘은 자동차가 너무 많아져서 골치야. 그리고 높아진 집은 빌딩들이야. 대부분 사람들이 일하는 회사지."

서울 관광 안내 요원이라도 된 듯 내가 신이 나서 설명했다. 자신 있는 설명을 하자니 입이 저절로 움직였다.

괴물에게 요즘 얘기를 마구 떠들다가 갑자기 영준이 생각이 났다. 참, 영준이와 같이 왔었지. 그제야 까마득히 잊고 있던 괴물 취재의 목적과 여기에 온 이유가 떠오른다. 영준이 덕분에 리바이어던과 얘기도 쉽게 나눌 수 있었는데. 그런데 영준이가 어디 있지? 분명 옆에 서 있었는데……. 내가 자기 빼 놓고 괴물하고만 얘기한다고 토라졌나?

"영준아! 영준아!"

영준이 이름을 한참 부르는데 누군가 어깨를 탁 쳤다.

"에잇, 누구야?"

누가 괜히 남의 어깨를 치나 화가 나서 큰소리를 냈다.

몸이 벌떡 일어나졌다. 얼떨떨하게 쳐다보니 엄마 얼굴이 앞에 있었다.

"얘가, 얘가. 초저녁부터 드르렁거리며 자더니 무슨 잠꼬대를 그렇게 요란하게 하니? 피곤해서 그런 것 같아 그냥 놔뒀더니 아주 연극을 해요."

엥? 잠꼬대라고? 연극이라고? 이상하다. 주변을 둘러보니 우리 집이고, 나는 소파에 앉아 있었다. 그럼 한강의 괴물은? 내가 나눈 얘기는?

"엄마, 그 한강에 리바이어던은 어떻게 됐대요?"

"뭐?"

내 물음에 엄마와 아빠가 동시에 되묻더니 두 분이 눈물이 나도록 웃으셨다.

"너 아직 꿈에서 덜 깼니? 지금 21세기야! 괴물은 무슨 괴물. 그만 정신 차리고 올라가서 숙제나 해. 응?"

소파에서 텔레비전을 보다가 그대로 잠들었나 보다. 아이, 그럼 모두 꿈이었단 말이야? 리바이어던 취재에 성공해서 유명한 스타가 되는 거였는데. 잘하면 대통령 표창도 받고 말이다.

  그럼 그렇지. 한강에 바다 괴물이 나온다는 게 있을 법한 일이겠냐고.

  피융, 바람 빠지는 소리다.

인간의 본성에 대한 현실적 해석을 한 **홉스**

여기에서 자연 상태라는 말이 자주 등장하지요? 홉스가 말한 자연 상태는 사람들이 저마다 치열하게 목숨을 보존하기 위해 싸움이 벌어지는 세계입니다.

그런 자연 상태가 역사적으로 실존했던 것일까요? 그것은 물론 아닙니다. 어느 역사서로도 그런 것이 실제로 있었다고 밝힐 수는 없습니다. 자연 상태의 설정이란 것은 아직 국가가 발생하기 이전의 원시 상태를 가정해 본 것이기 때문이지요.

역사적으로 있었는지 없었는지의 여부는 문젯거리가 아니며 비판거리도 아닙니다. 여기서 중요한 문제는 역사적으로 국가의 시작이 어떠했는가 하는 사실이 아니라, 왜 개인으로서 국가가 지우는 의무에 복종해야 하는가 하는 정당화의 문제이기 때문입니다.

홉스가 자연 상태를 생각해 본 것은, 아무런 국가적 조직이나 통제가 없이 인간의 이기적인 본성만이 지배할 때 과연 어떤 상황이 벌어지겠는가를 그려 보기 위한 것이었습니다. 그럼으로써 그 상황에서 왜 국가가 필요한가를 밝히기 위한 것이었지요. 만약 우리가 자연 상태에 그대로 놓이게 된다면, 두려움과 공포만이 있겠지요? 사람들은 그 두려움과 공포를 해소하기 위한 어떤 방법을 찾으려고 할 것입니다. 바로 그런 이유로 국가가 필요해진다는 것이 홉스의 논리였습니다.

이렇게 볼 때 홉스의 국가론이 지니는 새로운 의미는, 그가 국가의 형성과 국민의 의무에 대한 정당성의 문제를 어떤 공동체적 이념이나 도덕적 규범으로부터 끌어내지 않고, 현실적인 인간 본성에 대한 고찰과 그 분석을 통해서 해명하려고 했다는 점입니다.

막연하게 형이상학적인 생각만으로 주장하지 않고, 철저하게 인간 자체에 대한 이해, 관찰, 현실적인 해석을 하고 있다는 면에서 홉스의 이론은 이전의 철학들과 구분되는 것이지요.

4

대통령을 만나다

만인이 그들의 자연권을 주권자에게 주어 버린 이상,
주권자의 판단이나 행동은 전체 인민의 판단과 행동이 된다.

－홉스－

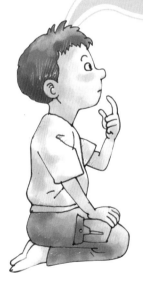

대통령을 직접 본 사람이 몇 명이나 될까? 대화까지 나눠 본 사람은? 아마 아이들 중에 거의 없을걸. 그런데 바로 나, 인석이는 대통령 아저씨와 아주 길고도 심오한 대화를 나눈 몸이란 말씀! 무슨 대화였는지 알고 싶지?

자, 와서 귀를 대 보라고. 속닥속닥.

청와대에 두 번이나!

다음날 학교에 가서 영준이에게 꿈 이야기를 했다. 영준이는 내 얘기를 듣더니 한마디로 잘라 말했다.

"홉스에 빠졌군."

참 그러고 보니 지난번 꿈도 홉스가 말한 자연 상태에 관한 것이었고, 이번에는 아예 홉스의 리바이어던의 강의까지 들은 것이었지? 이러다 홉스 철학을 시리즈로 꿈꾸는 게 아닐까 싶다. 어쩌다 홉스에 빠진 거야?

"야, 이게 다 누구 때문인데. 네가 그 서재에서 이상한 책만 꺼내지 않았어도 홉스니, 리바이어던이니 평생 모르고 살았을 거 아냐!"

엄청 신났던 지난밤의 이야기가 꿈이었다는 사실에 괜히 심술이 나서 영준이에게 투덜거렸다.

"내가 보여 주지 않았어도 평생 모르고 살 진 않았을걸. 한 번쯤은 생각해 볼 문제잖아. 언제 배워도 배웠을 텐데 뭘. 너는 꿈에서 재미있고 신나게 배우니까 좋겠다. 누구는 골 아프게 책을 들여다봐야 아는 걸 말이야. 꿈속에서 너의 그 공부하는 방법 좀 알려 주라."

영준이가 놀리듯이 말했다. 영준이 말대로 알아서 나쁠 것은 없는 것. 배워서 남 주나? 최소한 누가 홉스를 물어보면 아는 체는 할 수 있을 것 같다. 다른 공부들도 꿈에서 배울 수는 없을까? 힘도 들이지 않고 머리도 안 아프고, 좋던데……. 쩝.

"그나저나 오늘 우리 집에 오지 않을래? 엄마가 친구 한 명 정도는 데려와도 된다고 하셨어. 제일 친한 친구 한 명. 아무래도 혼자 지내는 내가 걱정되셔서 허락해 주시나 봐."

"정말? 내가 또 가도 돼?"

"그래. 괜찮다고 하셨으니까. 오늘 아니면 또 언제 허락받을 수 있을지 몰라. 어때, 같이 갈래?"

나야 당연히 거절할 리 없지. 지난번엔 처음이라 너무 얼떨떨해서 제대로 구경도 못했다. 이번엔 찬찬히 살펴보고 실컷 구경해야지. 미래에 내가 살게 될 집일 수도 있으니까. 하하하!

엄마에게 전화로 허락을 받고 바로 영준이네 차를 타고 청와대로 갔다. 두 번이나 청와대에 초청받은 아이는 아마 내가 처음일 걸. 어린이날에나 초청된 아이들이 청와대 잔디밭에 앉아 대통령 말씀도 듣고 그러는 건 줄 알았는데. 하긴 그 애들도 안으로 들어가 보진 못 한 거잖아? 나는 안에까지 들어가 본 사람이라고. 그것도 두 번이나!

청와대에 도착하자 영준이가 그때의 서재로 나를 데려 갔다. 영준이가 제일 좋아하는 곳이고, 볼 게 많아서 지루하지 않다는 것이었다. 나는 사실 식당이나 회의장, 접견실, 이런 데를 구경하고 싶었는데. 왜 뉴스에 보면 다른 나라 대통령이 올 때 얘기도 나누고 그러는 장면 나오잖아? 뒤에는 황금색으로 봉황이 그려져 있고 그런 데 말이다. 실제로는 어떻게 생겼는지 보고 싶었는데 거긴 함부로 들어갈 수 없다고 못 가게 한다. 뭐, 나중에 내가 여기서 일하게 되면 그때 실컷 보지 뭐.

　자세히 둘러보니 서재에는 생각보다 책이 훨씬 많았다. 영준이 아빠 혼자 보시던 것이라는데 대통령이 되려면 책도 많이 읽어야 하나 보다. 이걸 언제 다 읽으셨을까?

　몇 권 책을 꺼내서 보려고 하는데 영준이가 말했다.

　"사실 오늘 내 생일이거든. 우리 식구들만 아는 거야. 다른 사람들 알면 부담된다고 생일잔치도 없이 그냥 넘어가기로 했지. 아빠가 대통령이 된 후론 우리 식구들 생일도 잘 못 챙겨. 그래서 섭섭하기도 하지만 어쩌겠어. 엄마가 그래서 특별히 오늘은 친구 데려와도 된다고 하신 거야."

　"뭐? 생일이었으면 진즉 말을 하지! 미리 선물도 준비하고 그랬을 텐데. 야, 너 나를 그 정도로밖에 생각 안 한 거냐? 섭섭하다. 친구 생일 선물도 주지 못하게 하는데 그게 무슨 친구냐?"

　내가 괜히 속이 상해서 영준이에게 골을 냈다. 쓸쓸하게 자기 생일을 보내는 영준이가 안쓰럽기도 하고, 내가 뭘 못해 주었던 것이 아쉽기도 해서 나도 맘이 편치 않았다.

　"무슨 말을 그렇게 해. 너를 제일 좋은 친구로 생각하는 거 알면서. 너 부담 주기 싫어서 말 안 한 거야. 생일이 뭐 별거냐. 그냥 기억만 하고 지나면 되지."

영준이가 그렇게 말하는데 나도 더 할 말이 없었다. 나는 내일이라도 좋은 선물 하나 해야겠다 생각하고는 열심히 책을 찾아보는 체했다.

영준이도 저 쪽에서 관심 있는 다른 책을 들춰 보고 있었다. 이거 너무 모범생처럼 노는 거 아냐? 남자끼리 서재에서 책을 보며 놀고 있다니! 하긴 그렇다고 조용한 이 집에서 축구를 하기도 그렇잖아.

② 대통령 선배님

그때 서재의 문이 딸깍 열렸다.

"어, 아빠!"

영준이가 깜짝 놀라며 부르는 소리에 나도 고개를 돌렸다. 진짜 영준이의 아빠, 대통령이 들어온 것이다!

"이 시간에 웬일이세요? 바쁘실 텐데. 필요한 책이라도 있어서 오신 거예요?"

"으응, 그냥 잠깐 짬을 내서 왔다."

영준이의 물음에 영준이 아빠는 머뭇거리며 대답하다가 불쑥 무언가를 내밀었다.

"이게 뭐예요?"

"네 생일인데 재미있게 놀아 주지도 못하고 미안하구나. 자, 이건 아빠의 선물이다. 생일 축하한다, 영준아."

영준이는 아빠의 깜짝 선물을 받고 팔짝팔짝 뛰면서 좋아했다. 정말 기대도 하지 않고 있었나 보다. 아빠가 워낙 바쁘시니 생일도 잊어버렸을 줄 알았다면서 기쁜 얼굴을 감추지 않았다.

"그러잖아도 엄마가 친구와 놀아도 된다고 해서 인석이를 데려왔어요. 여기서 책 좀 봐도 괜찮죠, 아빠?"

"아, 그때 봤던 친구구나. 그래, 우리 영준이랑 잘 지내 줘서 고맙다."

"안녕하세요? 저……. 뭐라고 불러야 할지……. 그냥 아저씨라고 해도 될까요?"

대통령이 인사를 건네는데 마땅한 호칭이 떠오르지 않아서 내가 물어봤다.

"그럼, 친구의 아버지니까, 아저씨지. 아저씨라고 부르렴."

영준이 아버지께서 웃으며 편안하게 말씀하셨다. 생각보다 어려운 분은 아닌 것 같다.

"아빠, 인석이 장래희망이 뭔지 아세요? 대통령이래요. 훌륭한 지도자가 되어서 나라를 평화롭게 하겠다나 어쨌다나."

언젠가 한 번 했던 얘기를 기억하고 영준이가 떠들어 댄다. 대통령 앞에서 그러니까 되게 쑥스럽네.

"오, 그래? 그럼 잘하면 대통령 후배님이 되겠구나, 껄껄."

아저씨가 재미있다는 듯 웃었다.

"그래서 말인데요, 아저씨는 어떻게 대통령이 되셨는지 말씀해 주세요. 좋은 기회에 선배님께 지도 좀 받으려고요."

정말 좋은 기회다 싶어서 아저씨께 여쭤 보았다. 언제 다시 이런 기회가 오겠어?

"음, 아저씨는 처음부터 대통령이 되려던 건 아니었다. 아저씨는 정치 이야기에 흥미가 많았거든. 뜻이 다른 여러 사람이 어떻게 조화롭고 평화롭게 모여 살 수 있을까, 그런 것을 생각해 보는 것이 재미있었다. 나중에는 정치를 전공하는 학자가 될 생각이었는데 어쩌다 보니 내가 직접 정치를 하게 되었구나. 생각만 하는 것을 내가 실천해서, 모두가 행복해 지는 길로 이끌어 보고 싶었거든. 그래서 지금 아저씨가 매일 생각하는 건 오로지 국민의 행복이다. 서로를 내리누르고 이겨야만 잘 사는 것이 아니라 함께 행복해질 수 있는 길을 말이다."

"아! 만인 대 만인의 투쟁! 그거 말이죠?"

영준이와 내가 아저씨의 말을 듣다가 동시에 소리쳤다. 우리가 알던 홉스의 얘기와 비슷했기 때문에 잘난 체 좀 하려고.

"너희들, 홉스의 이야기를 어떻게 아니? 녀석들, 제법 유식한데."

아저씨가 의외란 듯 우리를 보면서 만족한 미소를 띠었다.

"그래, 홉스의 말대로 만인 대 만인의 투쟁 대신 평화를 얻고 싶은 것이 아빠의 바람이다."

그러고는 미소 짓던 얼굴이 금세 깊은 생각에 빠진 표정으로 바뀌었다. 아마 지금 국민들을 어떻게 아저씨의 바람처럼 이끌 것인가, 떨쳐지지 않는 그 고민을 하시나 보다.

"그렇지만 아저씨, 지금은 그때처럼 혼란스럽지는 않잖아요. 사람들도 그렇게 투쟁적이지 않고, 돈만 있으면 다 가질 수도 있고. 제가 보기엔 평화로운데……."

친구끼리 가끔 다투기도 하지만, 그렇게 심각할 정도는 아닌데……. 나는 좀 궁금한 생각이 들어서 물었다.

"지금은 물론, 홉스 시대처럼 수십 년 동안 전쟁을 계속한다거나 남의 물건을 빼앗아 가고 목숨이 위협받는 상황은 아니지. 그렇지만 네가 말한 것 말이다, 돈만 있으면 다 가질 수도 있다는 것, 아저씨가 생각하기엔 그것이 또 다른 투쟁 상태인 것 같은데."

"누구든 돈만 있으면 무엇이든 가질 수 있는 건 평화 아닌가요? 칼이나 총으로 빼앗는 것이 아니라 일을 해서 돈을 벌고, 그것으로 필요한 것을 얻는다는 게 왜 투쟁이에요?"

아저씨의 말이 잘 이해되지 않았다.

"너희들도 홉스 책을 봤다니까, 자연 상태에서는 끊임없는 힘의 확장이 필요하다는 것, 그 얘기는 알고 있겠지? 남을 이기고 더 많이, 또 미래에도 무엇인가를 가질 수 있으려면 힘을 계속 키워야 한다는 것 말이다. 그 힘을 돈으로 바꿔 생각해 보면 어떨까? 지금 세상은 더 많이 가지려면 돈이 있어야 한다. 돈이 있어야 원하는 것도 가질 수 있고 얻을 수 있지. 그렇지만 모든 사람이 똑같은 돈을 가질 수는 없다. 아무리 일을 해도 필요한 만큼 충분히 벌 수 없는 사람이 많지. 더구나 무엇인가를 갖고자 하는 인간의 욕심은 끝이 없잖니? 이것을 가지면 다른 것이 또 필요하고, 그것이 채워지면 또 다른 것을 원하고. 그것이 사람이다. 아저씨가 보기엔 결국 홉스가 말한 자연 상태와 지금이 크게 다르지는 않다는 생각이다. 생명을 위협받는 일은 없다 해도 모두가 남보다 더 많이 가지려고 서로를 누르고 이기려고 하지 않니?"

아저씨의 말을 듣고 보니 고개가 끄덕여졌다. 엄마와 아빠도 가끔 그런 얘기를 나누기도 하셨으니까. 치열한 경쟁만 있는 이 험한 세상에서 어떻게 인석이를 키워야 하냐고 하시면서.

"그렇다면 우리도 절대적인 주권자가 있어야 하는 걸까요? 사람들의 이기심을 모두 내놓게 만드는 리바이어던 같은 권력자 말이에요."

가만히 이야기를 듣던 영준이가 심각한 얼굴로 물었다. 아빠를 닮아 사람들의 행복에 관심이 많은 영준이가 아빠에게서 답을 구하고 싶었나 보다.

③ 제일 복잡한 단어, 國

"리바이어던이라……. 아빠도 한때는 그렇게 강하고 힘센 주권자가 국민 전체의 행복을 만들어 주어야 한다고 생각했단다. 사람들 개개인의 본성은 너무나 이기적이기 때문에 그걸 강력하게 통제할 지도자가 있어야 한다고 믿었지. 그렇지 않고는 끊임없는 전쟁과 다툼, 치열한 경쟁만이 있을 것 같았다. 그런데 다시 생각해 니 말이다, 이기적인 것이 사람의 본성이라지만 그것을 반성하고 성찰하는 이성을 가진 것도 사람의 본성이지 않을까? 자기의 이기심을 제어하고 남을 배려해 주는 마음을 가진 것도 사람이니까. 모든 사람이 경쟁만 하고 자기만 생각하는 것은 아닌 것 같다. 성금을 모금할 때 많은 사람들이 성의를 다해 돈을 내는 것도 그렇고, 우리 주변에 남을 돕는 훈훈한 이야기는 또 얼마나 많으냐. 그러니까 사람들이 그런 마음을 잘 끄집어낼 수 있도록 이끌어 주는 힘 정도만 있으면 되지 않을까. 아, 그리고 홉스도 이런 말을 했단다. '사람들을 평화로 향하게 하는 것은 죽음의 공포이며, 쾌적한 생활을 위한 욕망이며, 그들의 노력에 의해 그것들을 획득하려는 희망이다. 그리고 이성이 사람들을 평화로 인도할 것이다.' 좀 어렵지? 허허. 홉스 역시 자연 상태가 인간의 본질인 것처럼 이러한 상태를 탈출할 수 있는 가능성 역시 인간의 능력에서 찾을 수 있다고 본 거란다."

아저씨가 이야기를 하다가 목이 아픈지 큼큼 소리를 내셨다. 그리고 이야기를 계속하셨다.

"홉스 시대의 왕들처럼 절대적인 힘을 가진 주권자와 힘 있는 몇몇이 나라를 다스린다는 것은 여러 가지 문제가 있을 수 있다. 역사적으로 독재를 했던 나라들의 좋지 않은 사례들도 많이 보지 않았니? 내 생각에는 여러 사람이 뜻을 모으고, 의견을 나누고, 함께 좋은 길을 찾아가는 것이 나라와 국민의 평화를 위한 올바른 방법인 것 같구나. 아빠는 독재하는 대통령이 되기는 싫단다. 껄껄."

아저씨의 웃음에 우리도 덩달아 웃으며 심각한 분위기를 풀었다. 너무 깊이 생각했는지 머리에서 쥐가 나려고 한다. 아이고, 일어서려니 다리에도 쥐가 나네. 서재 바닥에 쪼그리고 앉아서 시간 가는 줄 모르고 대화에 빠져 있었나 보다. 다리를 절뚝이며 침을 발라 코에 묻혔다. 이렇게 하면 쥐가 달아난다고 했지. 옆에 보니 영준이가 검지를 구부리고는 야옹야옹 소리를 내고 있었다. 영준이도 쥐가 났나 보다. 쥐를 쫓는 저런 방법도 있었네?

"아이쿠, 참 내 정신 좀 봐. 지금 아저씨는 근무 시간인데, 너희들하고 얘기하다가 너무 시간이 흘렀구나. 영준이가 여기 있다는 말에 선물만 주고 가려던 것이었는데……. 너희들, 다른 데서 이런 얘기 하면 안 된다, 대통령이 애들하고 놀기만 하고 일은 안 한다는 소문이 나면 곤란하니까. 알았지?"

아저씨가 우리끼리의 비밀이란 듯 한쪽 눈을 찡긋하고 나가셨다. 너무 시간을 오래 뺏은 것 같아 죄송스러웠다. 더 중요한 일이 많으실 텐데.

나가면서 나에게 잘해 보라는 말도 덧붙이셨다. 그렇지만 잠깐 앉아 얘기하는 것도 지장이 있을 만큼 일이 많고 바쁜 걸 보니 대통령이 좋은 직업만은 아닌 것 같다. 아들하고 놀아 줄 시간도 못 내고. 장래 희망에 대해선 다시 생각해 봐야겠다.

"전에 조선시대 누구던가, 아무튼 그 위인전을 읽은 적이 있는데 그런 얘기가 있었어. 어릴 때 공부는 안 하고 밖에 나가 놀기를 좋아하던 버릇을 고치려고, 선생님이 엄청 커다란 종이를 마당 가득히 펴놓고 여기를 가득 채우라는 숙제를 내줬다는 거야. 어린애였던 그 선비는 종일 써도 다 못 쓸 텐데 걱정도 없이 실컷 놀다 들어와서는, 빗자루에 먹을 묻혀 딱 한 글자를 썼대. 그게 뭐냐면, 나라 국!"

"나라 국?"

"응. 한 국가 안에 얼마나 많은 사람이 살며, 얼마나 많은 일들이 일어나며, 얼마나 많은 이야기가 있겠어. 숙제를 내준 선생님도 그 기지에 감탄하며 할 말을 잃었다는 얘기였지. 아빠랑 대화하다 보니까 그 생각이 나더라. 나라의 그 많은 사람을 모두의 소원대로 행복하게 해 주는 일은 얼마나 힘들까. 그렇게 복잡하고 어려운 것이 국가겠지."

영준이의 말을 듣고 보니 더 기운이 빠졌다. 멋진 전용 비행기 타고 외국에 다니고, 그런 것만 상상했는데. 에잇, 대통령 같은 거 안 한다, 안 해!

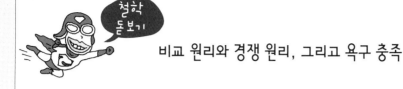

비교 원리와 경쟁 원리, 그리고 욕구 충족

홉스는 인간의 본성을 이기적이라고 봤습니다. 이기심이란 비교나 계산으로 늘 상대적인 욕구를 추구하는 것이지요. 이기심은 그 한계가 없어서 끝없이 확대되어 스스로의 충족감을 채우지 못합니다.

그것은 스스로 절대적인 자기 평가와 자기만족의 도달점이 없기 때문입니다. 절대평가와 상대평가라는 말을 들어 봤겠죠? 스스로를 절대적으로 평가하지 못하고, 늘 상대적으로 남과 비교해 남보다 나은지 남보다 많은지를 비교하는 것으로 만족하려는 마음을 사람들은 가지고 있습니다.

사실 인류의 역사를 보아도 그릇되고 나쁜 일을 하게 만들었던 감정이 이기심에서 나온 것을 볼 수 있습니다. 경멸, 오만, 증오, 경쟁심, 복수심, 이런 감정들 말입니다. 이런 것은 남과 비교해서만 생기는 것들이지요. 아직 그런 능력이 없는 어린아이를 보세요. 빵 한 조각, 과자 한 개를 들고도 만족해하지요?

그런데 아기가 조금만 커도 그런 절대적인 만족감은 사라집니다. 다른 아이가 가지고 있는 빵보다 자신이 적으면 울고, 더 많이 가지려고 하고, 다른 아이의 몫과 자신의 것을 자꾸 비교하게 됩니다. 사람들의 모습이 그렇습니다. 내가 배가 불러도 남이 더 많이 가졌으면 그것을 빼앗아 내일 먹을 내 것으로 만들려고 합니다. 조금 과장되게 들렸을지 모르지만, 사람의 마음을 가만히 살펴보면 이런 일이 없다고는 할 수 없을 것입니다.

이런 비교의 원리가 경쟁의 원리입니다. 그 목적은 나의 욕구의 충족이 아니라 경쟁에서 이기는 것이 되어 버립니다. 배가 부르면 만족하는 것이 아니라, 남보다 많이 가져서 내일도 배부르고 싶은 사람들의 마음.

홉스는 그것을 염려한 것입니다. 남과 비교하는 눈을 버리고 스스로의 만족을 찾을 수는 없을까요? 꼭 남보다 더 가져야 할까요? 필요한 만큼만 가지면 안 될까요?

아무리 봐도 사람의 본성은 이기심을 버리지 못하는 것 같다고 생각한 홉스는, 그래서 차라리 아주 강력한 통치자를 원했던 것입니다. 아이들의 싸움을 무서운 어른이 와서 그만두도록 명령하는 것처럼. 빵의 크기로 싸우는 아이들에게 엄격한 선생님이 똑같이 떼어 주는 것처럼.

우리에게 그런 어른, 그런 선생님이 꼭 있어야 할까요?

'자족!', 스스로의 만족감만으로 행복할 수는 없는지 함께 생각해 봅시다.

행복한 국가 만들기

제1의 자연법은 모든 사람이 할 수 있는 한 평화를 위해서 노력해야 한다는 것이다.
 - 홉스 -

슬픈 소식이야.
이제 정말 영준이와는 형제라고 느낄 만큼 가까워
졌는데 헤어지게 되다니. 영준이가 어디로 가냐고?
아, 너무 슬퍼서 말하고 싶지 않아. 영준이에게 물
어봐.

① 영준이의 이사

평소랑 다르다. 영준이의 얼굴도 어둡고, 나에게 말도 거의 하지 않는다.

자리를 바꿔 영준이와 떨어져 앉은 것은 오래 되었지만, 그렇다고 우리가 같이 놀지 않은 것은 아닌데 얼마 전부터 나를 대하는 태도가 낯설다.

내가 뭘 섭섭하게 했나? 아니면, 지금의 짝인 혜미에게 마음이 가 있어서 그런가? 내가 특별히 마음 상하게 한 일은 없는 것 같고, 아무래도 새 짝에게 마음을 뺏긴 탓인 것 같아. 녀석, 그렇다고 친구를 멀리 하다니.

 학교가 끝나고 영준이와 함께 걸어 나오는데 매일 같이 걷던 그 길이 이상하게 낯설고 괜히 서먹했다.

 갑자기 영준이가 입을 열었다.

"나, 딴 데로 가게 됐어."

 뜻밖의 말에 깜짝 놀라 눈이 튀어나올 뻔했다.

"뭐? 딴 데로 가다니, 왜!"

"내가 계속 부모님하고 같이 있는 게 여러 가지로 어렵기도 하고, 편하지도 않고, 그래서 부산의 할머니네로 가려고. 거기 가면 가까이에 사촌들도 살고, 나한테는 그게 더 나을 것 같아."

 갑작스럽게 부산으로 가다니, 머리가 멍했다. 친한 친구가 이민을 가기도 하고, 멀리 지방으로 옮겨 가기도 하고, 다른 동네로 이사를 가서 헤어진 일도 있었지만, 오늘처럼 크게 상심하긴 처음이다. 영준이는 나에게 특별한 친구였고, 많은 걸 알게 해 준 선생님이기도 했고, 청와대까지 들어가 보게 해 준 대단한 친구였는데……

"그래서 요즘 너한테 말도 잘 하지 못했어. 왠지 말이 잘 안 나오더라."

"여기 온 지 얼마 되지도 않았는데, 그냥 계속 다니지. 꼭 멀리 가야 할 필요는 없잖아."

섭섭함이 너무 지나쳐 영준이를 붙잡고 싶었다.

"나도 너랑 멀어지는 거 생각하면 가고 싶지 않지만, 그래도 어쩔 수 없어. 부모님과 상의해서 정한 일이라 다시 되돌릴 수도 없고. 무엇보다 내가 편하게 살고 싶어."

영준이가 그렇게까지 말하니 나도 할 말은 없었다. 스스로가 원하는 일을 한다는데 내가 무슨 말을 할 수 있겠어. 모두가 부러워하는 청와대에 사는 것보다 시골집에서 사는 것이 좋다면 그렇게 해야지. 자기만족이 제일 중요한 것이니까.

"남들은 거기 살고 싶어도 못 사는데, 너는 살라고 하는데도 떠나는 구나."

내가 괜히 뚱하게 말하자 영준이가 큰 소리로 대답했다.

"남들과 비교하면 끝없는 투쟁! 나는 그러지 않으려고. 남들이 다 싫다고 하면 또 모르지, 살고 싶어질지. 난 좀 삐딱한 데가 있나 봐. 하하."

영준이가 기분 좋게 웃자 나도 기분이 좋아졌다. 덕분에 또 부산

구경하지 뭐.

"너 부산가면 꼭 나 초대해라. 이번엔 네 덕분에 부산의 신기한 곳들 좀 구경 해 보게."

의미 있는 농담을 하자 영준이가 대꾸했다.

"네 덕분에 나도 신기한 구경 했는걸 뭐. 개소리 알아듣는 사람이 또 있겠냐?"

"너!"

내가 괜히 화내는 체하자 영준이 손을 흔들며 항복하는 시늉을 했다.

나와 영준이가 함께 걷던 하교 길도 이게 마지막이겠지? 학교 담장을 따라 차 타는 곳까지 바래다주던 길이었는데. 괜히 눈물이 나오려고 했다.

② 송별식

 내일이면 짐을 옮긴단다. 오늘이 영준이와 같이 학교 다니는 마지막 날. 오후에 특별히 송별식을 해 주려고 영준이를 집으로 초대했다.

 유난히 영준이와 잘 붙어 지내던 걸 아셨기에 엄마가 신경 써서 준비해 주시기로 하셨다.

 수업이 끝나고 우리는 같이 집으로 왔다.

 "영준이 왔구나. 인석이가 하도 네 얘기를 많이 해서 아줌마도 네가 좋았는데, 멀리 가게 됐다니 아쉽다."

엄마가 꽤 근사하게 차려진 상에 우리를 앉히셨다. 숨겨진 솜씨를 발휘하셨네. 나와 단짝으로 지내던 영준이에게 특별한 송별식을 준비해 주셔서 너무 고마워요, 엄마.

우리는 학교에서 점심을 먹었는데도 맛있는 음식들을 보자 갑자기 허기가 돌아 차려진 음식을 마구 먹었다. 이제껏 먹어 보던 엄마 요리 중에 최고다. 영준이도 좋아하며 많이 먹었다. 앞으로도 가까이에서 자주 이렇게 오고 갈 수 있다면 얼마나 좋을까. 영준이가 차라리 그냥 보통 집 아이였으면. 괜히 아쉬운 마음이 들어 고개를 돌렸다. 특별하다는 것이 좋은 것만은 아닌 것 같다. 그냥 평범하게 지내는 게 제일 맘 편할지도 모르겠다는 생각이 들었다. 엄마가 전에 좋아하는 드라마를 보시면서, '평범하게 사는 게 제일 좋지만, 제일 힘들다' 라고 말씀하셨던 게 생각났다. 내가 느끼는 지금 생각이 엄마가 하셨던 그 말과 같은 거 아닐까?

우리는 맛있는 음식을 다 먹고 내 방으로 올라왔다. 세모난 창을 내다보던 영준이가 갑자기 생각난 듯 말했다.

"처음 이 방에 왔을 때 네가 얼마나 부러웠는지 알아? 나도 이렇게 살고 싶다는 생각 많이 했어. 그렇지만 부러워한다고 내 것이 되는 건 아니니까⋯⋯. 나의 부모님, 나의 집, 그것이 얼마나 고마운 것인지 감사하는 마음을 갖기로 했지."

영준이의 말에 나도 고개를 끄덕였다.

"나도 그랬는데 뭐. 그 멋있고 넓은 네 방에 처음 갔을 때 정말 기가 팍 죽었다고. 천장이 비스듬해서 이쪽으로 갈 때는 허리를 구부려야 하는 내 방에 비해 얼마나 근사했는데. 대단한 아빠를 가진 것도 엄청 부럽고, 까만 차랑 경호원도 부럽고.

그런데 다시 생각해 보니까 나에겐 나의 엄마 아빠가 있고, 내 다락방이 있고, 음⋯⋯ 아! 시끄러운 개들이 있는걸. 히히. 그걸 부정하고 남의 것을 부러워한다고 내 것이 되는 건 아니니까. 지금은 내 집에 더 만족!"

내 대답에 영준이가 감탄을 했다.

"야, 우리 너무 대단한 거 같지 않냐? 홉스가 말한 사람의 본성을 우리는 벗어났잖아. 남과 비교만 하고, 남의 떡이 더 커 보인다, 그런 게 사람이라고 했는데 우리는 아니잖아. 내가 이만큼 가졌으면 됐다, 이런 생각하는 게 어디 쉽냐? 우린 역시 대단해."

영준이가 그렇게 말하니 나도 괜히 으쓱했다. 마음이 행복해지는 법, 행복해지기 위한 100가지 방법, 이런 책에 보면 있는 말이 그런 거였지 아마? 엄마가 열심히 읽던 책에서 언뜻 본 것 같다. '남이 가진 것을 넘겨다보지 말고 내 손에 든 것에 감사해라' 그런 거 말이다.

어른들이나 읽는 어려운 수양책인 줄 알았는데 우리는 그것을 몸으로 실천하고 있다니! 대단한 학생들이지 않아?

"네 덕에 홉스를 알았기 때문이겠지. 우리가 자연 상태의 사람들처럼 살 순 없잖아?"

"내 덕은 무슨. 네가 꿈에서 배운 게 더 크겠지. 리바이어던도 직접 만나고. 너는 좋았겠다, 하하하."

영준이가 놀리듯이 말하더니 한마디 덧붙였다.

"사람들에게 필요한 건 리바이어던 같은 강력한 통치자가 아니라 마음을 바꾸는 일인 것 같아. 홉스의 말대로 인간은 이성을 가진 존재잖아? 계속 욕심만 내고 나만 더 가지려 하고, 남의 것과 비교할 것이 아니라, 나와 다른 사람들의 행복을 위해서 서로 조금씩 양보한다면 정말 행복한 국가를 만들 수 있지 않겠어? 사람들이 모두 우리처럼만 생각한다면 세상은 평화, 우리 모두 행복! 그럴 텐데⋯⋯."

앗! 드디어 영준이에게 나의 다른 면을 보여 줄 수 있는 기회가

왔다. 우하하! 나도 영준이 앞에서 고차원적인 이야기를 좀 해 보겠군.

"그대 자신에게 해 주기를 원하지 않는 것을, 타인에게 하지 말라!"

"아니, 인석이 너 어디서 그렇게 멋진 말을?"

나는 짐짓 별 거 아니라는 듯 목소리까지 가다듬으며 말을 이었다.

"여기에서 좀 더 나아가서, 흠흠. 타인에게서 내가 받길 원하는 것을 타인에게 해 주어라! 모든 사람들이 이것만 명심한다면 요즘 같은 경쟁 사회에서도 평화롭게 서로를 사랑하며 살 수 있겠지? 그게 홉스가 바라는 이상적인 국가의 시민상 아니었을까 싶은데, 자네 생각은 어떠신가?"

영준이의 저 놀라는 표정. 아! 감사합니다, 대통령 아저씨!

사실 지난번 청와대에 갔을 때 잠깐 영준이가 자리를 비운 사이 대통령 아저씨께서 외롭게 자란 영준이한테 좋은 친구가 되어 줘서 고맙다고 말씀하시면서 홉스의 이야기가 담긴 책 한 권을 주셨다. 솔직히 너무 어려운 내용이라 하루에 한 장 읽기도 힘들었지만 영준이 몰래 조금씩, 조금씩 홉스를 알아가는 것이 너무 즐거웠다. 유유상종이라고, 똑똑한 영준이 옆에 똑똑한 친구가 있어야 하지 않겠어? 하지만 이건 영준이 빼고 우리들만의 비밀!

어쨌거나 송별식이라고 와서는 다락방에서 철학 이야기를 하고 있다니 우리는 너무 학구적인 학생이다. 이런 우리의 진실을 알면 엄마가 무척 흐뭇해하실 텐데, 방에서 수다나 떨고 있을 거라고 생각하시겠지.

③ 초능력을 잃다

"인석아, 내려와 봐. 아빠 오셨다."

아래층에서 엄마께서 부르시는 소리가 들렸다. 우리는 얼른 방에서 나와 거실로 내려갔다.

"오, 네가 영준이구나. 인석이가 네 얘기 많이 하더구나. 멀리 이사 가게 되어서 아저씨도 섭섭한데. 인석이가 좋은 친구가 생겼다고 아주 좋아했었는데."

"네. 저도 많이 섭섭하긴 해요. 그렇지만 인터넷으로 매일 만나기로 했어요. 그리고 나중에 방학하면 인석이, 우리 집에 놀러 와도 되죠?"

아빠는 흔쾌히 웃으면서 물론 그래도 된다고 하셨다.

"참, 아빠! 우리 복슬이, 새끼 낳았잖아요! 그거 한 마리, 영준이한테 선물하면 안 돼요? 저를 잊지 말라는 정표로 주고 싶은데. 히히."

"허허, 그래? 영준이만 괜찮다면 아빠도 좋지."

아빠의 대답에 영준이의 얼굴이 들떴다.

"정말요? 저 강아지 정말 키워 보고 싶었어요! 전에 살던 집에서 진돗개를 한 마리 키웠는데 병으로 죽었거든요. 부산 집은 마당도 있으니까 키워도 좋다고 하실 거예요."

영준이가 너무 좋아하는 얼굴을 보자 나도 기분이 좋았다.

"잘됐구나. 복슬이도 진돗개인데 아주 영리하고 온순한 개란다. 진돗개 순종이랑 새끼를 낳아서 새끼도 진짜 진돗개지. 똥개가 아니라고."

아빠가 자랑하며 말씀하셨다. 우리는 당장 복슬이가 낳은 새끼를 보러 나갔다.

개들이 짖었다. 어, 그런데 이상하네? 소리가 들리지 않았다! 개

들의 말소리가 전혀 들리지 않고 그저 컹컹 짖어 대는 소리밖에 안 들린다. 무슨 일이지? 내 초능력이 사라졌나?

"얘가 복슬이야? 진짜 잘생겼다. 인석이 너, 개들 말을 알아듣는 댔지? 얘가 뭐라고 하는지 좀 말해 줘."

영준이가 복슬이가 낳은 강아지들을 만지면서 나에게 물었다.

"저, 그게……. 뭐라는지 모르겠어."

"응? 너 그런 초능력 있다면서!"

"글쎄……. 나도 모르겠는걸. 분명히 들렸었는데, 오늘은 하나도 들리질 않아. 초능력이 사라진 건가 봐."

"너, 처음부터 거짓말이었던 거 아냐?"

영준이가 의심스런 눈으로 쳐다봤다. 하늘에 맹세코 그건 아니다. 정말 들렸었는데. 왜 이럴까?

나도 이유를 알 수 없었기에 정말 거짓말이 아니었다고 항변하면서도 더 이상 말을 하지 못했다.

어쨌거나 강아지는 정말 예뻤다. 영준이는 좋아서 이 놈 저 놈 골라 보다가 황토색 털이 덮인 강아지를 한 마리 들었다.

"얘가 제일 맘에 들어. 이 녀석으로 가져도 되지? 정말 귀여운데. 이름을 뭐라고 할까……. 인석이라고 할까? 하하하."

영준이가 누렁이라고 불렀던 강아지를 꺼안고 볼을 부비면서 한 껏 들떠 장난을 쳤다. 나는 매일 봐서 별거 아니라고 생각했는데 영준이에게는 큰 선물이었나 보다. 저렇게 좋아하다니. 내가 가진 행복은 내 눈에는 안 보인다는 말이 정말 맞는 것 같다. 우리 집 마당에 이렇게 흔한 강아지 한 마리 때문에 영준이가 행복해하는 걸 보니 말이다.

"우리는 누렁이라고 불렀는데, 이름은 뭐, 이제 네가 주인이니까 바꿔도 상관없어."

"누렁이가 뭐냐? 진짜 똥개 이름 같잖아. 음……. 해피라고 해 야겠다. 얘를 만나서 너무 해피하니까."

"그러든지."

영준이가 골라 온 강아지를 데리고 집으로 들어왔다. 영준이는 아빠에게 강아지 돌보는 법에 대해 한참 이야기를 들었다. 전에 키우던 개가 병으로 죽은 적이 있다는 영준이는 진지하게 아빠의 말을 들었다.

날이 어둑해졌다. 영준이가 그만 가야겠다고 자리에서 일어섰 다. 배웅을 나가려고 나도 같이 나섰다.

대문 앞에서 영준이가 말했다.

"정말 고마워. 넌 정말 좋은 친구야. 부산에 가서도 계속 연락할게. 아, 그리고 네 초능력은 사실이었으리라 믿어. 네가 동물을 너무 사랑해서 속마음을 읽을 수 있었던 것 아니었을까 생각되는데. 초능력이 사라졌다고 속상할 것도 없잖아? 계속 동물들하고 생활하면서 잘 돌봐 주면 뭘 원하는지 다 알아챌 텐데 뭐."

속 깊은 녀석, 내가 혹시라도 상심했을까 봐 이런 말을 해 주는 거다.

영준이가 소리를 나직이 하며 내 귀 가까이에 한마디 덧붙였다.

"원래 초능력은 어린아이들이나 갖는 거야. 우리는 이제 정신적으로 성숙해서 그런 능력을 잃은 거지. 정신연령으로는 우리 이미 어른 아니겠어?"

영준이가 탄 차가 멀리 사라진다. 정신적으로 크다. 그래, 개의 말을 알아듣는 것보다 더 중요한 것은 세상을 더 깊게 생각하고 더 깊게 이해하며 주변 사람들의 말에 귀 기울이는 것, 그것이다.

나는 영준이의 모습이 보이지 않을 때까지 대문 앞에 오래 서 있었다.

절대 권력의 주인은 언제나 국민에게

홉스는 만인에 대한 만인의 투쟁 상태에서 벗어나 질서와 평화를 이루기 위해서는 절대적인 권력이 필요하다고 생각했지요. 모두의 자연적인 권리를 양도하는 사회계약에 의해 그러한 절대 권력이 생겨난다고 했습니다. '절대'라는 말은, 한자로 끊을 절(絕), 마주할 대(對)입니다. 그러니까 서로 견주거나 맞설 만한 것이 없으며 무엇에도 의존하거나 제약됨이 없이 혼자 스스로 존재하면서 모든 것을 뛰어 넘어 있는 것을 뜻하는 것이지요.

홉스는 이러한 절대 권력에 모든 사람이 복종한다면 다툼이 있을 수 없다고 생각했던 것입니다. 그렇다면 홉스가 절대 권력을 휘두르는 독재자를 옹호하는 주장을 했던 것일까요? 언뜻 생각해 보면 그런 오해를 받을 수도 있겠지요.

그렇지만 이제까지 우리가 이해했듯이, 홉스가 말하는 절대 권력이란 사람들의 자발적인 계약에 의해 성립했던 것입니다. 달리 말하면, 정치 공동체의 주권은 어디까지나 국민에게 있다는 것이지요. 왜냐하면 홉스가 말하는 절대 권력은 사회의 구성원들이 행복을 추구하기 위한 목적으로 맺은 계약이며, 개인의 자발적 의지에 의해 생겨난 것이기 때문입니다. 결국 홉스가 말하는 주권이란 개개인에게 주인 된 권리가 있다는 민주주의 주권 원리의 뜻을 담고 있는 것이랍니다.

홉스의 주장을 좀 더 깊이 들여다보면, 절대 권력이 처음의 계약을 위반했을

경우에는 계약의 주체인 국민들이 절대 권력을 무효로 만들어 버릴 권리에 대한 이야기도 있습니다. 국민들의 생명 보존이 위협받는 어떤 상황에 이른다면 말이지요. 그렇기 때문에 홉스의 생각이 독재자와 같은 절대 권력이나 절대왕권을 정당화시키기 위한 논리에 불과하다는 비판은 홉스의 뜻을 제대로 이해하지 못한 것이겠지요.

에필로그

"학교 다녀오겠습니다!"

엄마에게 인사를 하고 허둥지둥 뛰어나왔다. 조금 늦었다. 뛰어야지.

영준이가 남긴 말, 정신적 성숙을 더하려고 그동안 공부도 열심히 했다. 목적이 생기니 공부도 재미있었다. 정신뿐 아니라 내 몸도 많이 성장했다. 키도 7센티미터나 자라서 오래전에 봤던 사람은 깜짝 놀랄 정도였다. 목소리도 이상해진다. 변성기라고 하는데 내 소리가 내 소리 같지 않아서 말을 하는데도 내가 아직 적응이 안 되고 있다. 이 시기를 건너면 근사한 남자 어른의 목소리가 되는 거겠지?

청와대의 서재는 이제 가지 못하지만 대신 동네의 도서관을 자주 다니게 되었다. 가다 보니까 도서관에 가득 쌓인 책에서 나는 냄새, 그 큼큼하고 눅눅한 그 냄새가 정겨웠다. 휘발유처럼 그런 냄새도 중독이 있는 걸까? 중독이라 해도 이런 건 매우 좋은 중독이겠지?

아 참, 영준이가 내년에는 우리 동네 가까운 곳으로 이사 온단다. 아빠의 임기가 거의 끝나가고 있어서 곧 부모님과 함께 살 수 있을 것이라고 했다. 바로 옆집은 아니지만 버스를 타고 조금만 가면 되는 곳으로 살 집을 정했다니 너무 반갑고 기쁘다.

영준이가 데려간 해피는 건강하게 자라서 이제 어른 개라고 했다. 강아지는 6개월만 지나면 다 크긴 하지. 지금은 사람으로 치면 청년이겠다.

그나저나 방학이 다가오고 있었다. 지난여름에 영준이네 다녀온 후로 또 한 학기가 흘러 겨울방학이 가까웠다. 지난여름……. 생각만으로도 웃음이 난다. 영준이네 할머니께 많은 폐를 끼치긴 했지만 우리는 얼마나 재미있었는지. 날마다 뒷산에 가서 매미 많이 잡기 내기도 하고, 나무와 식물 이름 알아맞히기 게임도 했다. 서로 이기려고 밤에 몰래 식물도감을 찾아보면서 달달 외우고, 서로 자기가 말한 것이 맞는다고 하면서 우기기도 했다. 나뭇잎의 모양은 비슷비슷한 것이 많아 사실 잘 구별되지 않는 것이 많아서 말이다.

덕분에 식물 박사가 될 정도였다. 경쟁이 때로는 좋은 기능을 하기도 하는 것 같다. 서로 비교하고, 많이 얻으려고 하고, 이기려고 하는 것이 투쟁이라고 하지만, 좋은 의미에서의 투쟁은 선의의 경쟁이 되니까 말이다. 경쟁을 통해 모르던 것도 알게 되고, 못하던 것도 잘하게 되고, 포기하려던 것도 더 노력해서 얻게 될 수 있다.

아, 겨울방학이 기다려진다. 겨울엔 여름의 놀이와는 또 다른 재미가 기다리고 있겠지? 영준이가 부산에 가 주어서 도리어 고맙다. 새로운 곳도 가 보고, 새로운 세상도 알게 되었으니까.

영준아, 기다려라. 내가 간다! 우리 곧 만나자!

통합형 논술
활용노트

01 인석이는 꿈속에서 사람들이 서로 밀치고 짓밟으며, 몇 개 있지 않은 열매를 서로 먹으려고 경쟁하는 꿈을 꿉니다. 영준이는 인석이의 꿈 얘기를 듣고 홉스의 '만인 대 만인의 투쟁'을 떠올리며 해몽을 해 줍니다.

홉스의 '만인 대 만인의 투쟁'은 무엇을 말하며, 왜 홉스는 인간이 그런 상태가 될 수밖에 없다고 이야기 했는지 적어 보세요.

02 원래 신화에 나오는 괴물인 리바이어던을 홉스는 사회계약설과 관련하여 어떻게 설명하고 있는지 적어 보세요.

03 홉스가 살던 당시 유럽과 영국 사회는 중세가 끝나 가는 혼란기였습니다. 따라서 홉스 외에도 많은 철학자들이 국가와 시민, 왕과 권력 등에 대해 고민하였습니다.

홉스의 사상을 발전시킨 로크와 루소라는 철학자가 있었는데요, 이들의 사상이 홉스와 다른 점을 적어 보세요.

04 한강에 나타난 괴물 리바이어던은 홉스가 자신을 만들어 낸 시기에 사람들에게 사랑받지 못하여 물속으로 뛰어들었다고 이야기합니다.

무엇 때문에 그 당시 홉스의 사상이 받아들여지지 못했는지에 대해 적어 보세요.

05 영준이의 아버지인 대통령은 홉스가 말한 리바이어던 같은 강력한 통치자 없이도 나라를 잘 이끌어갈 수 있다고 보았습니다. 홉스가 말한 인간의 이성과 관련하여 자연 상태를 극복할 수 있는 방법에 대해 적어 보세요.

06 만약 국가가 없다면 어떻게 될지 각자의 생각을 적어 보세요.

07 이 책을 읽고 개인들 간의 관계뿐만 아니라 국가들 간의 관계를 국제적으로 규제하는 것이 필요하고 정당한지 구체적인 사례를 들어서 논술하세요.

통합형 논술 활용노트
문제풀이

01 홉스는 자연 상태에서의 사람은 이기적으로 서로가 같은 것을 원하며, 원하는 것을 갖기 위해 타인과 싸워 이기려는 경쟁의 상태에 놓이게 된다고 하였습니다. 따라서 자연 상태에서는 모든 사람이 동반자가 아닌 적으로 만나는 것입니다.

그래서 홉스는 '자연 상태에서는 예의범절도 없으며 네 땅 내 땅도 없이 소유하는 동안만 소유한다' 라는 말로 자연 상태를 표현하기도 하였습니다.

즉 '만인 대 만인의 투쟁' 이란, 자연 상태에서 사람들이 끝없는 욕심으로 서로에게 이기기 위해 끊임없는 투쟁과 경쟁을 한다는 것입니다.

홉스는 인간의 본성은 원래 악하다는 성악설을 주장하였습니다. 따라서 인간은 본성적으로 탐욕스럽고, 이기적이기 때문에 국가가 생기기 전의 자연 상태는 '만인 대 만인의 투쟁' 이라는 비참하고 절망적인 상황이 될 수밖에 없는 것입니다.

02 끊임없는 욕심으로 경쟁을 하는 자연 상태에서 사람들은 자신의

목숨 보존을 위해 평화를 원하게 됩니다. 그리고 그 평화를 유지하기 위해 강하고 절대적인 무언가를 필요로 하게 됩니다. 그래서 사람들은 자신의 모든 권리와 힘을 누군가에게 넘기기로 계약하고, 그 힘을 넘겨받아 절대적인 국가가 생기게 되는 것입니다.

이것이 바로 사회계약설입니다. 그러나 계약을 했다고 해도 계약이 취소되거나, 안 지켜지는 경우가 있을 수 있습니다. 따라서 홉스는 사람들이 자신의 권리와 힘을 왕이나 국가에 모두 넘겨주고 절대적이고 강한 힘을 가진 리바이어던과 같은 절대 권력에 의해 계약이 지켜진다고 이야기하였습니다.

홉스는 사회계약을 통해 시민을 좌지우지하는 절대 권력의 필요성을 이야기한 것이 아니라, 끊임없이 투쟁하는 자연 상태의 사람들이 평화롭고 행복해지기를 바라며 강력한 권력을 가진 리바이어던을 이야기한 것입니다.

03 로크는 홉스와 달리 자연 상태를 자유롭고 평화로운 상태라고 보

았습니다. 따라서 시민은 최소한의 질서 유지를 위해, 최소한의 권리를 국가에 넘겨주면 된다고 보았습니다.

루소는 로크보다 한 단계 더 나아가 모든 시민은 평등하게 정치적 권력을 갖고 태어났으며, 대등한 권리를 갖고 올바른 정치를 위해 함께 노력해야 한다고 하였습니다. 그래서 루소는 오늘날 직접민주주의의 선구자라고도 불립니다. 루소는 홉스나 로크처럼 재산이 많은 사람들뿐 아니라 모든 민중을 나라의 주인인 시민으로 본 것입니다.

그러나 로크와 루소가 홉스보다 한 발자국 더 나아간 사상을 펼 수 있었던 것도 모두 홉스의 사상이 밑바탕이 되었기에 가능한 일이었습니다.

04 홉스가 살던 시대의 정치는 시민이 아닌 신, 즉 종교인과 극소수의 귀족과 왕이 통치하던 시절이었습니다. 형식적인 법은 있었지만 무용지물이었고, 왕과 귀족, 종교인들의 무자비한 정치로 시민들은 고통을 받았습니다.

그래서 홉스는 나라가 폭동이나 전쟁에 휩싸여 시민들이 고통 받는 것보다는 왕에게 복종하여 평화를 얻는 편이 덜 불행할 것이라고 생각했습니다. 그러나 국민들은 홉스가 절대 권력을 옹호하려는 것이라고 비난하였습니다.

또한 그 당시 왕만큼이나 힘 있는 세력이었던 종교계에서는 도덕과 신앙을 배격하는 무신론자라고 홉스를 비난하였습니다. 그 당시 홉스는 처음으로, 시민들 중에서도 돈 많은 사업가나 상류층에 의한 법 제정을 통해 정치를 하자고 주장한 것입니다. 이것이 홉스의 한계이기는 하지만 그 당시로서는 처음으로 왕의 무자비한 정치에 대해 제한을 하고 시민에게 주권을 넘겨줄 것을 이야기한 획기적인 사상이라고 할 수 있습니다.

05 홉스는 '사람들을 평화로 향하게 하는 것은 죽음의 공포이며, 쾌적한 생활을 위한 욕망이며, 그들의 노력에 의해 그것들을 획득하려는 희망이다. 그리고 이성이 사람들을 평화로 인도할 것이다'라는 말을 통해 자연 상태가 인간의 본질인 것처럼 이러한 상태를 탈출할 수 있

는 가능성 또한 인간의 능력에서 찾고 있습니다.

즉, 이기적인 것이 사람의 본성이라지만 그것을 반성하고 성찰하는 이성을 가진 것도 사람의 본성이라는 것입니다.

사람은 자기 자신만 생각하고 경쟁만을 하는 것이 아니라, 자기의 이기심을 제어하고 남을 배려해 주는 마음도 가졌기 때문입니다.

따라서 서로 이기심을 버리고 자기만이 아닌 다른 사람들과 함께 사는 사회를 위해 노력한다면 인간의 본질인 자연 상태도 극복할 수 있을 것입니다.

06 역사를 되돌아보면 선사시대 무리 생활을 하다가 점점 무리의 규모가 커지면서 국가가 형성된 것을 볼 수 있습니다. 신석기시대까지만 해도 모두가 평등하였지만, 청동기시대에 들어서면서 점차 무기와 농업 기술이 발달함에 따라 계급, 지배와 피지배, 정복 활동이 나타났습니다. 인구가 증가하고 사유재산이 생기면서 국가가 형성된 것을 볼 때, 국가는 대내, 대외적으로 영향력을 행사하며 사회의

질서와 이익을 보호하고 유지하는 가장 효율적인 체제라고 할 수 있습니다.

만약 국가가 없다면, 그것은 국가를 통해 영위되던 중앙집권적인 정치, 경제, 문화, 치안 등의 활동이 모두 없어지는 것을 뜻합니다. 즉 그러한 활동을 대체하는 다른 무엇인가가 계속 존재한다고 하는 것은 진정한 의미에서 국가가 없어지는 것이 아닙니다. 따라서 집단의 규모 및 무기와 사유재산의 발달이 석기시대의 수준으로 되돌아가야만 국가가 존재하지 않는 것을 상상할 수 있습니다.

지금 현재의 상황에서 국가가 없어진다면, 사회는 더욱더 혼란에 빠지게 될 것입니다. 왜냐하면 이렇게 발달된 물질문명의 토대 위에서 국가가 없어진다는 것은 개개인의 다양한 욕구를 통제할 강력한 힘이 사라진다는 것을 뜻하기 때문입니다.

07 《리바이어던》은 '만인의 만인에 대한 투쟁' 상태를 막기 위하여 경력한 통제권을 가진 국가가 필요하다는 토마스 홉스의 초기 사회계약론 사상입니다. 리바이어던은 '인간에게 무서운 존재

로 군림하고, 처벌에 대한 공포감을 불어넣어 옭아매는 절대 권력이 필요하다'는 토마스 홉스의 사상이 표현된 신화 속 괴물입니다.

홉스는 자연 상태를 극도의 혼란으로 보았습니다. 물론 인간 본성에 대한 입장에서 홉스와 반대되는 루소에 따르면, 인간은 성선에 기초한 일반의지로 스스로 질서를 만들며, 호혜평등의 상태로 나아갈 잠재력을 가지고 있습니다. 따라서 홉스식 규제보다는 자유무역이 바람직합니다.

그러나 19세기 제국주의시대의 제국주의와 식민지 쟁탈전을 생각해 보면, 그다지 자유무역 및 호혜평등에 대한 관망이 그다지 낙관적이지만은 않습니다. 제국주의의 재현을 막기 위하여 누군가는 강대국을 규제하여야 하며, 약육강식의 국제 질서를 바로잡기 위한 최소한의 조정은 필요한 것입니다. 군사적 힘으로서가 아니라, 경제의 힘으로 신식민지시대가 도래할 수 있기 때문입니다. 예를 들어 현재 우리나라도 미국의 52번째 주라는 소리를 듣고 있습니다. 자본주의 시대에는 어떤 나라든 자국의 이익에 충실할 수밖에 없습니다. 이

것은 비단 미국만을 지탄할 일은 아닙니다. 우리나라 또한 우리보다 약한 나라에 대해서 미국이 우리에게 행하는 것과 마찬가지의 경제적 침략을 가할 수 있기 때문입니다. 우리 사회에서 문제되고 있는 외국인 노동자 문제가 그런 예가 됩니다.

이렇듯 국제 관계에서도 국가 간의 규제가 반드시 필요합니다. 특히 전쟁과 핵 확산, 인권과 환경 문제를 생각하면 그 필요성은 더 커집니다. 그렇기 때문에 국제 사회에서 정당하고 객관적인 기준으로 조정과 규제의 역할을 수행할 수 있는 방법에 대해 모든 국가가 힘을 합쳐 철저히 고민해야 한다고 생각합니다.